Amor em silêncio

PRISCILA VIEIRA

COM PREFÁCIOS DE BERENICE PIANA, DRA. CARLA BERTIN E EDGAR UEDA

Amor em silêncio

Compreendendo o universo de emoções do **autismo não verbal**

Labrador

© Priscila Vieira Costa Mercante, 2024
Todos os direitos desta edição reservados à Editora Labrador.

Coordenação editorial Pamela J. Oliveira
Assistência editorial Vanessa Nagayoshi, Leticia Oliveira
Projeto gráfico e capa Amanda Chagas
Diagramação Fernando Zanardo
Preparação de texto Monique Pedra
Revisão Andresa Vidal

Dados Internacionais de Catalogação na Publicação (CIP)
Jéssica de Oliveira Molinari - CRB-8/9852

Mercante, Priscila Vieira Costa

Amor em silêncio : compreendendo o universo de emoções do autismo não verbal / Priscila Vieira Costa Mercante.
São Paulo : Labrador, 2024.
160 p.

Bibliografia
ISBN 978-65-5625-758-7

1. Transtorno do espectro autista 2. Pais e filhos
3. Pais de crianças autistas I. Título

24-5372   CDD 616.8982

Índice para catálogo sistemático:
1. Transtorno do espectro autista

Labrador

Diretor-geral Daniel Pinsky
Rua Dr. José Elias, 520, sala 1
Alto da Lapa | 05083-030 | São Paulo | SP
contato@editoralabrador.com.br | (11) 3641-7446
editoralabrador.com.br

A reprodução de qualquer parte desta obra é ilegal e configura uma apropriação indevida dos direitos intelectuais e patrimoniais da autora. A editora não é responsável pelo conteúdo deste livro. A autora conhece os fatos narrados, pelos quais é responsável, assim como se responsabiliza pelos juízos emitidos.

SUMÁRIO

Prefácios — 7
Apresentação — 17
1. Uma nova linguagem do amor — 19
O amor — 23
Ressignificando o amar — 26
2. A filosofia do amor em silêncio — 29
Remendando os cacos — 33
3. A voz do amor — 39
A ausência da fala — 45
4. As cinco linguagens do amor — 47
Palavras de afirmação — 50
Tempo de qualidade — 52
Presentes — 53
Atos de serviço — 55
Toque físico — 57
5. O amor em silêncio simplesmente dói — 59
Amar em silêncio não é sofrer em silêncio — 65
6. Autismo está na moda? — 71
Combatendo o capacitismo — 75

7. Autismo é doença? _____ 77
O espectro _____ 80
Mas então, o que é o autismo? _____ 82
Autismo não verbal e não falante _____ 86
Diferentes níveis de suporte no autismo _____ 90

8. Autismo tem tratamento? _____ 95
Os sinais _____ 99
O diagnóstico _____ 104
Os tratamentos _____ 108
O ambiente socioafetivo _____ 111

9. Terapeuta em tempo integral _____ 115
As mães do Brasil _____ 121
Conhecendo o problema _____ 123
Mas por que nos tornamos "terapeutas"? _____ 130
A vida não para depois do diagnóstico _____ 132

10. Ninguém cuida de quem cuida! _____ 137

Referências _____ 153

PREFÁCIOS

Ao ser convidada para prefaciar o livro da querida Priscila, que esteve aqui na Clínica Escola do Autista, visitando-me pessoalmente, confesso que o que mais me impressionou e chamou a atenção de cara foi o título do livro, que ela chama de *Amor em silêncio*.

Primeiro, porque é realmente um amor silencioso, não por esse autista ser verbal ou não verbal, mas porque essa mãe, só ela sabe o quão grande é o amor que sente pelo filho. Eu vivi isso. Eu também vivi na pele o amor em silêncio, então compreendo bem como esse título pode tocar o coração das pessoas, das mães de autistas ou mães atípicas, pois tocou profundamente o meu.

Acho que ela definiu bem um sentimento; às vezes parece que amamos de um lado só, que não temos a resposta, ou que esse amor não é correspondido pelo filho, mas não é verdade. Amamos em silêncio porque só nós, mães, compreendemos a grandeza desse amor. Que através de um olhar, de um sorriso, esse filho diz que nos ama, mesmo sem falar.

Mas eu gostaria de complementar dizendo que o livro é mais do que isso, é muito mais que um título, ele vem dizer os caminhos que uma mãe pode tomar, traz informações sobre as leis do autismo, muita orientação, porque ele diz exatamente várias questões que vamos nos deparar ao longo da vida, fases, caminhos, situações.

Eu aconselho uma leitura meticulosa deste livro instrutivo, que é, acima de tudo, orientador.

Então que o *Amor em silêncio* de Priscila se estenda ao amor em silêncio ou não de todas as outras mães do Brasil. Estou muito orgulhosa de ter sido convidada para fazer este prefácio e muito feliz. Então deixo aqui esse recado, não deixem de ler, por favor, e guardem para reler outras vezes porque é muito instrutivo, muito sábio, cheio de conteúdo orientador também.

Abraço forte, uma grande honra participar deste livro. Muito obrigada.

Berenice Piana

é mãe de três filhos, sendo o caçula autista. Idealizou e fundou a primeira clínica-escola do autista do Brasil, implantada em Itaboraí, no Rio de Janeiro. É coautora da lei 12.764, a Lei Berenice Piana, sancionada em 2012. Instituiu a Política Nacional de Proteção dos Direitos da Pessoa com Transtornos do Espectro Autista. É embaixadora da Paz pela Augustíssima Casa Imperial dos Godos do Oriente.

@autismo.berenice

Amar e ser amado é uma necessidade de todos nós; e o amor, em todas as suas formas, é um sentimento que ultrapassa as barreiras da linguagem e da compreensão, pois, em essência, o amor não se limita às palavras ditas, aos gestos explícitos ou às expressões visíveis.

Nós, mães de pessoas autistas, apesar de termos contextos, famílias, autismos diferentes, temos histórias muito semelhantes. Como mãe de dois filhos autistas, sei que a maternidade de uma pessoa autista é uma jornada transformadora, e apesar dos meus filhos serem verbais, eu me vi em muitas situações relatadas pela Priscila.

No livro *Amor em silêncio*, a autora compartilha suas vivências, lutas diárias e suas descobertas como mãe de Matheus, uma criança que, embora não verbalize suas emoções, ensina lições de vida e de amor incondicional a cada dia.

Priscila nos guia por sua jornada pessoal, que começa com o diagnóstico do Transtorno do Espectro Autista (TEA) de seu filho Matheus. A autora enfrenta de maneira direta e sincera as dificuldades impostas não somente pelo autismo, mas principalmente por seu filho não ser verbal, começando com o choque inicial do diagnóstico até o dia a dia de uma mãe que se viu forçada a aprender uma nova forma de comunicar e de amar.

Ao longo das páginas, somos levados a refletir sobre as cinco linguagens do amor, conceito criado por Gary Chapman, autor que acompanho e admiro, e como essas linguagens podem ser adaptadas e compreendidas em contextos em que a comunicação verbal não é uma opção. O toque físico, os atos de serviço, o tempo de qualidade, os presentes e as palavras de afirmação ganham novas formas e significados quando aplicados a uma criança que vive em silêncio, mas que "fala" mais alto do que qualquer palavra.

Priscila também nos convida a compreender o autismo de maneira mais ampla, em todo seu espectro e nuances. Ela discute a importância de estimulações, intervenções e terapias, a realidade do diagnóstico e os níveis de suporte do autismo. Mas, acima de tudo, ela nos mostra a importância de entender, aceitar e amar incondicionalmente, mesmo quando o retorno não é aquele que esperávamos.

Com uma linguagem tocante e honesta, Priscila Vieira nos oferece não apenas um relato pessoal, mas também uma fonte de inspiração para todas as mães e pais que enfrentam desafios semelhantes. No lugar de palavras, surgiram olhares, toques e gestos que, aos poucos, foram construindo uma conexão entre mãe e filho. Priscila nos mostra que o amor, para ser verdadeiro e profundo, não precisa ser expressado com palavras.

Amor em silêncio é mais do que um livro sobre autismo; é um relato sobre a resiliência do amor materno. É uma história sobre superação, aceitação e a capacidade de encontrar beleza e significado em situações que, à primeira vista, podem parecer desafiadoras e dolorosas. É um convite para todos nós refletirmos sobre a verdadeira essência do amor, que, mesmo no silêncio do autismo do seu filho, pode ser mais forte do que qualquer palavra.

Este livro é uma celebração do amor em todas as suas formas e uma prova de que, mesmo nos momentos de silêncio, o amor continua a falar mais alto.

Dra. Carla Bertin

é contabilista, advogada, mãe de dois filhos autistas. Coautora de algumas obras, entre elas, o *Manual de Atendimento da Pessoa com Transtorno do Espectro Autista* e *Manual de Direitos da Pessoa com Autismo da Prefeitura de São Paulo* e autora do e-book *Direitos do Autista*, já distribuído gratuitamente para mais de 200 mil pessoas. Idealizadora do Autismo Legal, o maior projeto de divulgação dos Direitos do Autista das Américas e ganhador do prêmio WSA Brasil 2023 na categoria inclusão e empoderamento.

@autismolegal

Quando conheci a Priscila Vieira, logo percebi que tínhamos uma conexão de almas, com uma energia muito boa. Ela é uma pessoa iluminada, daquelas que se encontram ao longo do nosso caminho e nos conectam a uma nova dimensão da vida. Então, tenho um grande carinho e um respeito enorme por ela e por tudo o que ela demonstra ser como pessoa e especialmente como mãe.

A vida, em sua essência, é um constante exercício de adaptação e resiliência. Cada um de nós, em algum momento, é confrontado com desafios que nos forçam a reavaliar nosso caminho, a nos reinventar e a encontrar novas formas de seguir em frente. Foi assim que me deparei com a filosofia que inspirou o meu primeiro livro, *Kintsugi: o poder de dar a volta por cima*.

Kintsugi, a arte japonesa de reparar com ouro o que foi quebrado, valorizando as cicatrizes, representa não apenas o ato de enxergar a beleza na imperfeição, mas deixa claro qual é a força e a singularidade que surgem das adversidades da vida. Essa filosofia exalta a beleza de transformar fatos desafiadores a partir de uma luta de onde se formam cicatrizes que representam uma vida diferenciada, uma vida única, forjada por situações de superação diante das dificuldades que se colocam em nossos caminhos.

Priscila é uma mãe que demonstra toda força transformadora da maternidade mais pura e dedicada. Ao receber o diagnóstico de autismo de seu filho, ela passou a enfrentar uma das maiores feridas que a vida pode impor a uma mãe. O autismo, sem dúvida, pede uma reinvenção diária para ser vivido. A partir daquele momento, ela teve que se adaptar, moldando sua vida em torno das necessidades do filho, em um processo que reflete perfeitamente a filosofia do *Kintsugi*.

Diante de uma situação como essa, ou de outras semelhantes, uma mãe sabe que terá de enfrentar desafios extremos. Porque seu filho irá enfrentar coisas difíceis no mundo, terá um tratamento diferente, independente do nível de suporte no espectro, e sofrerá o impacto disso em sua formação, necessitando, portanto, de cuidados especiais e totalmente diferenciados. Essa mãe precisará ter uma vida ainda mais voltada ao filho, criando uma verdadeira revolução em torno dela. Então essas dificuldades gerarão as cicatrizes que representarão que essa mãe está sendo forjada de um modo diferente e definitivo, precisando se reinventar e se adaptar a cada novo dia.

Priscila encontrou na escrita de *Amor em silêncio* uma forma de transformar essa experiência em um poderoso testemunho de amor e resiliência. Uma obra que não só veio para iluminar o caminho de outras mães e pais, mas que também traz à tona uma verdade universal: o amor transcende palavras. O amor não precisa de palavras para ser compreendido. É através de gestos, cuidados e uma conexão silenciosa que ele se manifesta de forma pura e incondicional.

Amor em silêncio, mais do que um relato de uma mãe sobre as batalhas e vitórias diárias que envolvem criar um filho dentro do Transtorno do Espectro Autista, é uma leitura essencial para todos que desejam compreender a verdadeira essência do amor, especialmente aqueles que enfrentam desafios atípicos em suas famílias. Priscila, com sua luz e determinação, nos lembra que o amor de uma mãe não se limita àquilo que se pode ver e ouvir, mas àquilo que se sente e se vive. Ela nos ensina que o amor, mesmo em silêncio, é a força mais poderosa que existe.

Este livro traduz um exemplo de como podemos nos comunicar e amar outros seres humanos de maneira tão grandiosa. Existem muitas pessoas com algum tipo de deficiência, condição, seja ela física ou intelectual, que não conseguem traduzir em palavras o que sentem, mas conseguem sentir o amor que temos por eles. A grandeza do amor de um pai, de uma mãe, independe do ato de ouvir ou não seu filho dizer que os ama.

O *Amor em silêncio* é uma leitura indispensável, que vai fazer com que não apenas os pais de filhos com dificuldades e limitações, mas também todos aqueles que precisam aprender a externar seu bem--querer se beneficiem dessa capacidade que temos de receber e dar amor, independentemente da forma que o expressemos.

Com este livro, Priscila Vieira vai motivar, inspirar e provocar um despertar em outras mães, em outros pais e em todas as outras pessoas, para que ganhem força, para que encontrem motivação para continuarem em suas jornadas, colocando o amor como força suprema em todos os relacionamentos.

Que a sua leitura seja proveitosa e inspiradora.

Um grande abraço,

Edgar Ueda

é fundador da Neximob, empresa de inteligência imobiliária. Também é escritor *best-seller*, possui 5 livros escritos, e 3x TEDx Speaker. Residiu por quase 10 anos no Japão, onde adquiriu uma cultura milenar. Já realizou mais de 300 palestras com um público total de mais de 250 mil pessoas.

@edgaruedaoficial

APRESENTAÇÃO

—

De repente, as cortinas se abrem, e eu me vejo no palco. Finalmente, sinto na pele o calor dos holofotes apontados em minha direção. A ansiedade me domina, e ao mesmo tempo, uma emoção profunda e difícil de explicar me invade, acompanhada de uma espécie de medo. Aquela é a plateia que eu sempre quis. Quantas vezes me senti invisível aos olhos dele? E agora, ele está parado, olhando para mim, como se esperasse ansioso pelo meu próximo movimento, pela minha próxima apresentação. Sinto seus dedinhos apertando a minha mão.

A tão esperada hora chegou, e, aos olhos dele, parece que só eu existo ali. Enquanto ele me olhava, a emoção tomava conta de mim, e simplesmente travei. Não consegui dizer uma palavra sequer. Apesar de ter ensaiado tantas vezes para esse momento de lucidez dele, agora que chegou, eu não sabia o que fazer. Conhecia meu papel e minhas falas, mas estava perdida.

Quando o vi surpreso ao me ver, percebi que ele me olhava fixamente, admirado. Seus pequenos olhos brilhavam, até que enfim me percebeu à sua frente e abriu um sorriso. Em fração de segundos, a luz se apagou e a grande cortina azul se fechou.

Aquele silêncio ecoou na minha mente enquanto me tornava invisível aos olhos dele mais uma vez. Chamei-o pelo nome, mas ele já não me olhava, não me ouvia, não me respondia. Soltou minha mão e saiu andando, sem olhar para trás.

Assim se foi mais um pequeno episódio de contato visual com meu filho Matheus, diagnosticado com o espectro autista não verbal.

Ser mãe já é desafiador para qualquer mulher, mas ser mãe de um filho com esse transtorno traz uma gama adicional de dificuldades. Não se trata apenas de cuidados redobrados, mas também da falta de reciprocidade ao amor que direciono a ele. É um amar silencioso, não necessariamente sutil, mas um amar sem plateia.

A grande questão, para mim e para outras mães atípicas, é como lidar com a ausência de palavras e com um retorno que, se vem, é sempre menor do que desejávamos.

No silêncio do autismo não verbal há um universo de emoções e pensamentos esperando para serem compreendidos. É preciso aprender a lidar com o silêncio do ser amado e encontrar, nesse silêncio, uma outra linguagem do amor. Saber sentir, afinal, é disso que se trata este livro.

Boa leitura!

— 1 —
UMA NOVA LINGUAGEM DO AMOR

A linguagem, de forma geral e suscinta, não é composta apenas por palavras ou pelo modo como organizamos um conjunto delas para construir um raciocínio ou fala. Ela é muito mais ampla, manifestando-se na maneira como um indivíduo comunica a outro suas preocupações, necessidades e desejos.

A linguagem inclui gestos, expressões faciais e o olhar, sendo uma das primeiras habilidades a se desenvolver na criança. Neste sentido, o choro, o riso, a careta e o beicinho contorcido são modos que a criança desenvolve para chamar a atenção da mãe e comunicar algo.

Entretanto, em crianças diagnosticadas com TEA, o Transtorno do Espectro Autista, esse desenvolvimento fica bastante comprometido, e a comunicação verbal, que normalmente surge no segundo ano de vida, pode demorar muito mais para se desenvolver e ocorre de maneira irregular.

Este costuma ser o primeiro contato dos pais com o autismo, justamente porque afeta a fala.

A necessidade de aprender diversas maneiras de comunicação não causa apenas dor, mas também angústia. Os pais atípicos precisam adotar uma comunicação inteiramente nova, o que representa uma inversão: em vez de o filho aprender com os pais, são eles que devem aprender uma nova forma de se comunicar.

Pai e mãe se veem constantemente frustrados, e é difícil aprender a lidar com essa situação inusitada. No entanto, a linguagem não precisa ser verbal ou mimética para existir ou criar vínculo. O que realmente deve ser compreendido é que nossa necessidade de obter repostas aos estímulos, em nossa tentativa de comunicação, é mais sobre nós do que sobre as respostas obtidas por eles.

Em outras palavras, é como se tivéssemos que aceitar uma nova forma de comunicação vinda de nossos filhos, algo que normalmente só ocorreria na adolescência, quando eles descobrem uma linguagem nova. No entanto, isso acontece desde o início.

Uma criança autista desenvolve cedo um mundo só dela, onde as regras dos outros mundos não encontram eco. Isso se reflete também na interação social, afetando ainda mais a comunicação, tanto o gestual quanto a fala.

Não é que a criança não sinta ou não tenha desejos; não é isso. O primeiro passo para compreender essa nova dinâmica comunicacional é reconhecer que ela é nova apenas para você, não para seu filho.

Não estou dizendo que a criança já nasce querendo ser independente, como um adolescente, mas, sim, que seu mundo é muito próprio, e esse é uns dos principais desafios que os pais enfrentam, porque esta criança ainda precisa dos mesmos cuidados, mas a comunicação será feita de outra maneira, que pode ser difícil de entender.

Cuidar de uma criança com autismo, especialmente no caso do meu filho, um autista não verbal, é, antes de mais nada, aprender uma linguagem nova. Desde fonéticas e interjeições verbais até associação de ideias e cognição motora.

Seu filho precisa que você o ensine a ser o que você é, um ser humano, bípede e que emite sons com a boca. No entanto, ele não entende a língua que você está acostumada a usar, o que torna o processo desafiador, porque você precisará aprender ao mesmo tempo em que ensina.

O AMOR

O amor pode ser descrito de várias maneiras: seja através da química, biologia e psicanálise, assim como pela religião, poesia, música e artes plásticas.

O amor é comumente entendido como uma forte afeição por outra pessoa, uma definição amplamente encontrada em dicionários e páginas da web. No entanto, esse sentimento vai além das palavras ou dos significados atribuídos a elas.

Há diversas formas de amar e ser amado, mas, em sua essência, o amor se expressa na liberdade. E essa liberdade não significa deixar o outro seguir sua vida sem preocupação ou apoio; pelo contrário, é oferecer cuidado e ajuda enquanto respeitamos a individualidade do outro. Isto é, compreender que cada ser humano possui um próprio caminho, um próprio tempo.

Na vida, encontramos o amor em diversas formas, desde um amor apaixonado, como o romântico, até aquele que nos remete a um passado de alegria saudosa, como ver um belo quadro ou ouvir uma música.

Se eu puder resumir este sentimento, considerando também os efeitos bioquímicos em nossos cérebros e as necessidades biológicas — afinal, o amor materno e paterno é esperado pela biologia, pois é natural que um pai e uma mãe queiram o sucesso de seus filhos —, o amor pode ser descrito como um vínculo que se estabelece entre aquele que ama e aquele que é amado.

Sendo, portanto, um vínculo que se estabelece naturalmente, o amor não é algo artificial, mas uma construção contínua. Ele se apura e se refina à medida que conhecemos e descobrimos o ser amado, criando novos laços ao longo do tempo.

Este vínculo, quando falamos de amor entre pais e filhos, começa a se formar na expectativa do bebê, durante o período de gestação. Imaginamos seu rosto, seus trejeitos e seu desenvolvimento.

Ainda durante a gestação, aprendemos a amar o filho que está por vir, tanto química quanto biologicamente, mas também devido às projeções que fazemos em nossa mente sobre o ser que cresce dentro de nós e que é parte de nós.

Aliás, essa projeção é um grande desafio para pais e mães. Por mais que saibamos que nossos filhos serão seres completamente autônomos, desejamos que sigam certos caminhos e alcancem a felicidade que sonhamos para eles.

Mas quando chega a hora e vemos que nossos filhos escolheram outro caminho que não aquele que projetamos, sentimos angústia e outros sentimentos que, inevitavelmente, precisamos aprender a lidar.

"Ser pai e mãe é também saber deixar ir", quem nunca ouviu isso?

Permitir que o filho siga suas próprias aspirações e faça suas próprias escolhas é um caminho natural, mas no caso de uma criança com TEA, a percepção da individualidade do outro — do seu próprio filho —, precisa ocorrer antes do que normalmente estaríamos preparados para enfrentar como pais.

A maneira como um pai e uma mãe expressam seu amor é naturalmente traduzida por gestos, mas principalmente por palavras. São essas palavras que ajudam a criança a compreender o mundo e atribuir significado às coisas; é assim que ela aprende.

Mas e quando não existem palavras? E quando a relação entre mãe, pai e filho não pode ser traduzida ou explicada através de palavras? Essa é a situação enfrentada por uma mãe atípica: a ausência de respostas e confirmações, sejam verbais ou, ao menos, sensoriais (gestos).

O principal desafio é estabelecer um canal de comunicação prático com seu filho, que permita não apenas compreender o seu mundo, mas também guiá-lo neste outro mundo — imenso e cruel onde vivemos — em que ele precisará se desenvolver. Isso também pode ser assustador.

Entretanto, algo que todos os pais e mães atípicos precisam entender é que não se deve pensar que uma criança com o Transtorno do Espectro Autista não terá uma vida normal.

A normalidade dela pode se manifestar de maneira que você e os outros não compreendem, mas, mesmo com plena capacidade de viver normalmente suas vidas, essa criança ainda precisará ser preparada para conviver neste mesmo mundo.

O que se busca nessa relação de vínculo entre pais e filhos atípicos é o estabelecimento de pontes de conexão que, no decorrer do desenvolvimento da criança, servirão como vias de acesso para a decodificação de outros conhecimentos que serão essenciais na vida adulta.

RESSIGNIFICANDO O AMAR

Como construir essas pontes se não há, do outro lado, uma resposta visível ou uma indicação clara de compressão e reciprocidade?

Embora exista, de fato, uma reciprocidade, você pode não ter os sinais concretos que confirmem isso. Não haverá respostas que você consiga ler facilmente, e é preciso entender que essa ausência de percepção de uma resposta não significa que ela está faltando; a resposta pode vir em um formato que você ainda não compreende. Além disso, o que deve ser aprendido é que a sua necessidade de receber uma resposta considerada satisfatória, do ponto de vista de uma pessoa típica, pode não ser atendida. Em outras palavras, o que te afligirá será a falta da resposta que você esperava receber.

Aprendi a ouvir o meu filho, mesmo sem ele dizer uma única palavra. Com ele, aprendi que, mesmo na ausência de uma resposta verbal para um "eu te amo", o amor está presente. A sensação de ausência que eu sinto não se deve à falta de sentimento dele por mim, mas à falta de confirmação que eu preciso para compreender esse amor.

É necessário, portanto, reconfigurar tudo aquilo que você entendia, esperava e desejava desde que soube da gravidez: as expectativas sobre o tempo que passaria com seu filho, a forma como ele expressaria carinho e amor por você e o modo como imaginou ensiná-lo a se desenvolver.

Tive que aprender a me comunicar de maneira diferente, adaptada às necessidades dele. Aprendi a expressar e a receber amor de maneiras distintas das que eu conhecia.

Embora ele não consiga dizer uma palavra, muito menos um "eu te amo, mamãe", eu sinto o amor mais puro e sincero dele.

Não é preciso dizer para sentir. Todos sabemos disso, mas é comum em nós, seres humanos, a necessidade de ouvir e ter a certeza de que somos amados.

Mas o amor é capaz de transcender, ultrapassando até mesmo a espécie humana. Muitos animais amam, e embora não expressem isso da mesma forma que nós, há sinais claros de seu afeto, mesmo que não os compreendamos totalmente. São provas vivas e pura do amor em silêncio.

O amor existe independentemente da espécie, raça, transtorno, condição genética ou deficiência. O amor não exige o que qualificamos como um intelecto típico ou ações específicas.

A FILOSOFIA
DO AMOR
EM SILÊNCIO

Amar em silêncio é amar o seu filho não apenas pelo que ele é, mas também pelo caminho que ele percorre.

Existem vários outros transtornos, condições genéticas, deficiências ou distúrbios que podem impedir uma pessoa de se comunicar diretamente por meio da fala, mas nenhum desses fatores impede essas pessoas de amar. É importante dizer e, principalmente, compreender isso.

Meu filho ainda não fala, e enquanto ele percorre este caminho de aprendizado, que é exclusivamente dele, eu vou falar por ele. Não é para roubar essa voz que ainda não veio, mas para que ele, através de mim, e com minha mão segurando a dele, possa se aventurar no nosso mundo quando estiver pronto. Assim como cabe a um pai ou uma mãe preparar seu filho, farei isso com a certeza de que esse preparo ocorrerá no ritmo dele.

Um dos melhores livros que já li traz uma forma de expressão artística que traduz com excelência esse processo de aprender a conviver com uma criança autista. Escrito pelo autor best-seller Edgar Ueda, *Kintsugi:*[1] *o poder de dar a volta por cima* apresenta essa arte milenar japonesa, usada para remendar peças de cerâmica danificadas.[2]

---

1 金 kin = ouro | 継ぎ tsugi = emenda
2 UEDA, Edgar. **Kintsugi:** o poder de dar a volta por cima. Porto Alegre: CdG, 2018.

A técnica envolve a mistura de laca e ouro em pó para juntar as peças quebradas, destacando as rachaduras em ouro. Assim, o valor delas se torna muito maior, não só pelo ouro, mas também pela beleza e originalidade que adquirem.

Em paralelo, um dos símbolos mais conhecidos que representam o TEA é o quebra-cabeça, uma metáfora visual que reflete a complexidade do autismo.

Um quebra-cabeça é composto por muitas peças diferentes, assim como o autismo é um espectro de características e desafios variados, que se manifestam de maneiras únicas em cada pessoa. O que pode ser um desafio para uma pessoa, pode ser uma força para outra, refletindo as diferenças em habilidades, necessidades e experiências.

Assim como os cacos de uma cerâmica quebrada não são iguais, as peças de um quebra-cabeça são diferentes, mas quando montadas, formam uma imagem perfeita.

Montar um quebra-cabeça requer paciência e atenção aos detalhes. Criar um(a) filho(a) com autismo exige ainda mais: compreensão, dedicação e a habilidade de transformar as emendas em fios de ouro no seu belo jarro. É um processo de aprendizado contínuo.

A aceitação da mudança é essencial, pois sendo imprevisível, raramente acontece como esperamos. Devemos enfrentá-la não como desejávamos, mas como ela realmente é. As memórias das melhorias conquistadas por meio da provação e da determinação de superar desafios e seguir em frente, apesar de todas as cicatrizes, lembram-nos do poder transformador da resiliência.

A questão é que, ao evidenciarmos tanto a luta quanto o caminho percorrido, tanto por nós quanto por nossos filhos, destacamos a beleza adquirida não nas lutas em si, mas nas vitórias — ainda que pequenas — conquistadas por meio de aprendizados, erros e adversidades.

Essa nova filosofia, assim como a imagem de um jarro quebrado, foi o primeiro pensamento que me veio à cabeça quando soube do diagnóstico de TEA do meu filho.

REMENDANDO OS CACOS

De repente, esse vaso que eu construí com minhas próprias necessidades, idealizações e certezas se quebrou por completo. Encarei várias peças soltas que não faziam mais sentido. Vi meus sonhos despedaçados e meus planos frustrados.

A partir daquele momento, com meu vaso quebrado no colo e sem chão, fui tomada por uma dor imensa, medo, dúvidas e muitas incertezas.

Talvez a melhor definição para descrever tudo o que eu sentia naquele momento seja a de estar perdida, ainda que cercada por todo o amor que sentia pelo meu menininho. Acredito que muitas mães atípicas tenham passado por essa sensação em algum momento.

E veja bem: mesmo esse sentimento de desespero e profunda consternação deve ser compreendido e aceito, pois faz parte do nosso processo de conhecimento e da compreensão da condição que enfrentaremos a partir de então.

É como no exemplo do vaso: o tempo nos transforma em mestres artesãos dessa nova obra de arte.

Quando recebi o diagnóstico do meu filho, sabia pouco sobre autismo. Acredito que a maioria das pessoas só procura entender esse transtorno se ele afetar alguém próximo. Em geral, somos assim: nos acostumamos ao que é familiar e confortável. Se não formos sacudidos de alguma maneira em outra direção, dificilmente buscamos orientação ou conhecimento externo.

Saí em busca de mais informações, procurei pesquisas, li muitos livros e conversei com outras mães que estavam na mesma situação ou enfrentando desafios semelhantes aos que eu começava a encarar.

De início, o que eu via como um grande monstro a ser derrotado ou superado foi logo reconfigurado. Não estou reduzindo os desafios nem minimizando a luta diária que enfrentamos, mas ao longo dessa busca, descobri que criar uma criança autista se assemelha, na realidade, a outros desafios da maternidade.

Ser mãe de uma criança atípica não é igual nem mais fácil do que ser mãe de crianças típicas; não é isso que estou dizendo. É apenas um desafio diferente — e para o qual ninguém está realmente preparado. Nada nos prepara para ser mãe atípica, mas ser mãe atípica nos prepara para tudo.

A verdade é que, apesar de toda a pesquisa e informação que adquiri, acredito que meu maior professor é, na verdade, meu filho. Como mencionei, tanto o pai quanto a mãe de uma criança autista aprendem enquanto ensinam.

Foi com o tempo, a atenção e a paciência que descobri em mim as forças necessárias para remendar aqueles pedaços e ver surgir algo novo. Não era o que eu havia originalmente imaginado, mas algo mais belo e transformador, que me deu um propósito diferente e renovou minha visão sobre o que é ser mãe e o que é ser humana.

É impressionante como descobrimos em nós mesmos as partes que também precisavam ser remendadas. Não era só minha relação com meu filho que precisava de ajustes, mas também minha relação com a vida, comigo mesma e até mesmo com o mundo ao meu redor.

Como mencionei, nesta vida somos todos alunos e professores, simultaneamente. O que muda são apenas os estágios em que cada um se encontra. No entanto, é também necessária uma grande dose de humildade para se permitir descobrir, admitir que precisamos estudar mais, compreender melhor e aprender sempre.

Assim como montar um quebra-cabeça, ao me deparar com o TEA, inicialmente busquei entender o cenário e a juntar as peças que mais facilmente me eram reconhecíveis.

Sei bem que, quando somos sacudidos de maneira tão repentina e violenta e chamados à ação, uma vontade imperiosa nos compele a agir precipitadamente, a solucionar logo o que precisa ser resolvido, sem querer refletir muito sobre nada.

Portanto, deve haver a compreensão, especialmente neste caso, de que não se trata de algo sob seu controle. Não basta querer ou fazer algo; trata-se de aceitar o tempo e sua passagem, tanto para o ser amado quanto para o aprendizado do seu filho — porque, afinal, é disso que se trata: um processo.

Quando estamos diante de um cenário desconhecido, precisamos nos ater ao que é ao menos reconhecível e identificável. O caminho para começar é justamente este: identificar o que é conhecido e, a partir daí, juntar esses primeiros pedaços aos que melhor se encaixarem, sem receio de cometer erros.

Caso você erre e cole uma peça em um encaixe que não seja o ideal, não há problema. Refaça até que fique melhor. É um processo, e não estará pronto da noite para o dia.

Entendi que meu filho era uma obra de arte rara e valiosa e, como tal, demandava tempo, assim como atenção e aprendizado mútuo.

No meio deste caminho, você certamente encontrará pessoas dispostas a ajudar; como eu, com este livro. Quero estender a mão para as mães, oferecendo-lhes uma lupa que revele a beleza de seus filhos atípicos e, principalmente, a beleza de cada passo, de cada aprendizado, em cada pequena vitória.

E se tem algo que devo pontuar, é que não devemos ignorar a dor.

Não peço, e jamais pediria, que finjam que tudo está bem ou que não há nada fora do planejado. Mas que possam perceber que, mesmo nas adversidades — e serão muitas —, há muitas oportunidades para experimentar a beleza de ser mãe. Só precisamos aprender a ouvir e a sentir de maneira diferente, não da forma a que estávamos acostumadas ou como esperávamos.

Eu também sou mamãe do João Pedro, de 13 anos. Quando o Matheus nasceu, pensei que seria mais fácil, afinal, eu já tinha experiência com a maternidade. Mas então veio a maternidade atípica.

De repente, tudo mudou. Era como se meu jogo tivesse zerado, e agora com um novo campo, novas regras e estratégias completamente desconhecidas para mim — na verdade, eu nem imaginava que essas regras existiam.

É difícil vencer um jogo sem conhecer as regras. Quando digo que "zerei meu game", quero dizer que tive que me reiniciar, aceitar que meu percurso não seria como antes e que era preciso aprender a jogar de um jeito novo.

Imagine tentar jogar futebol no Brasil seguindo as regras do futebol americano ou vice-versa. É impossível vencer! O jogo pode parecer o mesmo, mas a regras são completamente diferentes.

Com a maternidade, seja ela típica ou atípica, é assim. O objetivo de todas as mães também é vencer no final, jogam o mesmo jogo, só que com regras diferentes.

Com este livro, espero alcançar mais mães atípicas, ajudando-as a zerar seu game e a compreender as novas regras. Assim, poderão descobrir o quanto a maternidade atípica pode ser extraordinária e maravilhosa.

Assim como nossos filhos ou filhas, nossos vasos e as relações que construímos com eles são verdadeiras obras de arte. As emendas de ouro revelam marcas que sempre serão belas e valiosas, pois não mostram apenas algo que se quebrou, mas algo que, apesar da quebra, se regenerou — mais forte e mais belo.

As marcas douradas evidenciam exatamente isso: a reconstrução e a ressignificação das relações de amor e encantamento.

— 3 —

A VOZ
DO AMOR

Para lidar com uma criança autista, é preciso exercitar constantemente a nossa capacidade de compreender o mundo do outro, que será diferente do nosso — e isso pode ser desafiador.

A parte mais difícil é lidar com o que, antes de convivermos com uma pessoa autista, consideraríamos sinais de rejeição. Precisamos entender que alguns símbolos, antes bem fundamentados em nossa percepção, terão seus significados trocados, ou ao menos distorcidos nessa nova relação.

Os sinais, mensagens e reações expressos por uma pessoa atípica não deixarão de ser o que são, mas precisarão ser decodificados.

Na comunicação, de forma geral e básica, há três elementos essenciais: 1. a mensagem; 2. o emissor, que transmite a informação; e 3. o receptor, que a recebe.

De maneira simples, podemos observar a comunicação ilustrada na figura a seguir:

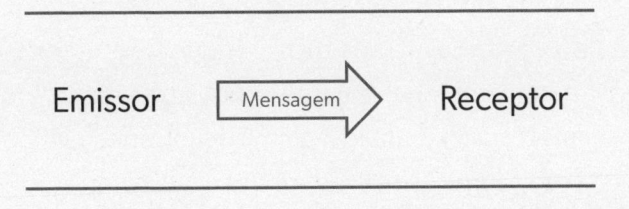

Emissor ⟶[Mensagem]⟶ Receptor

Isso se aplica a qualquer tipo de comunicação. A linguagem é o elemento que conecta o emissor à mensagem e a mensagem ao receptor. É por meio da linguagem que a mensagem é decodificada e compreendida pelo receptor.

Aos elementos que compõem a linguagem, como a língua, sinais, escrita e sons, chama-se de veículo. É por meio desse veículo que a mensagem do emissor é direcionada ao receptor, garantindo sua compreensão.

Por exemplo, ao gritar com alguém, você transmite uma mensagem — o conteúdo do que está sendo dito — por meio do veículo vocal, mediado pela língua falada pelo emissor.

Além disso, ao gritar, a mensagem pode ser interpretada de maneira diferente, dependendo da decodificação feita pelo receptor. Este pode entender a mensagem como agressiva ou não, conforme sua própria interpretação.

Portanto, uma mesma mensagem, com o mesmo conteúdo, pode ser compreendida de maneiras completamente distintas, dependendo de como é expressa — neste exemplo, pelo tom de voz.

Assim, pode haver uma dissonância entre o que o emissor deseja transmitir e o que o receptor efetivamente entende. Qualquer fator que prejudique a compreensão da mensagem é denominado ruído.

Por exemplo, se o emissor usa a fala como veículo para transmitir a mensagem, mas a língua falada é desconhecida pelo receptor, isso cria um ruído que impedirá, ou ao menos dificultará, a compreensão e a decodificação da mensagem.

O ruído é, portanto, tudo aquilo que acompanha a mensagem pelo veículo e que pode alterar a mensagem original a ponto de torná-la completamente incompreensível.

A situação é semelhante na comunicação de uma criança autista. É como se a criança se comunicasse por meio do ruído, ou seja, por meio de elementos da comunicação que exigem uma decodificação mais complexa por parte do receptor.

Em outras palavras, a comunicação de uma pessoa autista depende da capacidade de compreensão do receptor. Para quem está fora do espectro, a dificuldade pode estar em entender a forma como a mensagem é transmitida, enquanto para uma pessoa autista, a compreensão pode depender da capacidade do receptor em interpretar os elementos da comunicação.

Outro fator importante a considerar, por mais óbvio que pareça, é que seu filho é uma criança. Isso significa que, enquanto ele está aprendendo a desenvolver habilidades como a compreensão da língua nativa, expressões culturais, expressões faciais e emoções, como alegria e tristeza, ele pode ainda não ser capaz de entender esses elementos quando vêm de você.

Fica claro que a comunicação necessária — essencial para a troca e o aprendizado —, pois sem ela não há troca e sem troca não há aprendizado, muitas vezes ocorrerá com você em um papel para o qual talvez não esteja totalmente preparado.

Como pais e mães, espera-se que sejamos os primeiros a transmitir informações aos nossos filhos, ensinando-os a falar, gesticular, comer e se expressar. No entanto, no caso de crianças no espectro autista, os pais desempenharão o papel de receptores da mensagem, devido à forma de comunicação única do filho.

Encare a situação como se seu filho falasse uma língua própria, mesmo que não verbal. Nesse mundo dele, você é o visitante. Assim como em uma viagem internacional, cabe a você aprender a língua estrangeira.

Assim, do ponto de vista comunicacional, os pais assumem o papel de receptores das mensagens comunicadas pelo filho. Devem decodificar, traduzir e interpretar essas mensagens, devolvendo-as de maneira que ele possa compreender o mundo na língua que lhe é acessível.

Essa situação não será para sempre. À medida que seu filho avança em seu estágio de aprendizado e desenvolve mecanismos de compreensão, ele adquirirá habilidades que variam de criança para criança. Isso trará desafios e oportunidades em igual medida.

A ideia é aproveitar essas oportunidades quando surgirem, cumprindo seu papel de mãe e pai ao cuidar e educar seu filho, respeitando seu tempo e seus estágios de desenvolvimento.

A AUSÊNCIA DA FALA

É óbvio que o desenvolvimento da habilidade de falar — ou seja, de emitir sons foneticamente organizados e atribuir-lhes sentido — define, pelo menos na sua camada inicial, nosso entendimento da linguagem e da fala.

No entanto, a fala não é um conhecimento natural; precisa ser aprendida. Sem uma pessoa para replicar e imitar, a criança simplesmente não aprenderá a falar.

Entenda que não estou falando sobre a capacidade de seu filho falar, mas, sim, sobre a capacidade dele de imitar o comportamento da fala.

Pode ser que seu filho não tem um problema de fala, mas, na verdade, dificuldade em estabelecer uma conexão duradoura com as outras pessoas. Em outras palavras, não há uma incapacidade de falar, mas, sim, uma dificuldade em aprender a falar de maneira típica. Existem vários outros fatores presentes na ausência da fala, tanto comportamentais quanto fisiológicos.

É óbvio que o tratamento com fonoaudiólogos pode surtir efeito, mas deve ser acompanhado de intervenções psicológicas, pois a ausência de fala é mais um resultado do TEA do que um fenômeno isolado. Podemos encarar a ausência de fala como um sintoma, e não a causa do transtorno.

Por essa razão, defende-se a adoção de terapias individualizadas e multidisciplinares, com profissionais de diversas áreas, sempre com o objetivo de promover o bem-estar, a inclusão e o desenvolvimento da criança atípica, com foco em suas necessidades específicas.

Não devemos esquecer que tudo é um processo. Seu filho aprenderá tudo de que precisa, embora esteja se desenvolvendo de uma forma diferente da que você considera ideal. Ele precisa de você durante esse processo, mesmo que não consiga se expressar da maneira que você entende. Não se esqueça disso.

— 4 —

AS CINCO LINGUAGENS DO AMOR

O autor estadunidense Gary Chapman, em seu livro *As 5 linguagens do amor*, desenvolveu a teoria das cinco maneiras de se expressar o amor.

Chapman propõe que o amor é o sentimento de querer bem outra pessoa, não necessariamente de maneira romântica. Portanto, não basta dizer que ama ou sentir amor sem que o outro saiba; é essencial que esse sentimento seja percebido pelo outro.

Embora isso possa parecer óbvio, no mundo atual, dominado por telas de celulares e relações rápidas, é necessário lembrar às pessoas que o amor não deve ficar preso dentro de quem o sente.

Assim, não basta sentir: é preciso dedicar, expressar e oferecer esse amor. Segundo Chapman, essa expressão pode ocorrer de diversas maneiras, conhecidas como as cinco linguagens do amor: palavras de afirmação; tempo de qualidade; presentes; atos de serviço e toque físico.

O entendimento desse autor nos ajuda a expressar o amor de maneira eficaz em nossas relações pessoais, especialmente ao criar uma linguagem própria para comunicar e compreender o amor que nutrimos e recebemos de nossas crianças atípicas.

PALAVRAS DE AFIRMAÇÃO

Entre as cinco linguagens identificadas por Chapman, as palavras de afirmação são as que mais causam sofrimento para mães atípicas, devido à possiblidade de ausência de reciprocidade na comunicação — especialmente no caso de autistas não verbais.

Isso não significa que você não deva usar palavras de afirmação, mas é provável que suas palavras não recebam qualquer retorno.

É claro que você precisará expressar seus sentimentos por meio de palavras. Todas as palavras carregam emoções e sentimentos que afetam quem as escuta. Portanto, elogios e palavras de exaltação sempre provocarão bons sentimentos no ouvinte, assim como palavras negativas terão o efeito oposto.

Isso não se limita apenas à relação entre mãe e filho, mas se aplica a qualquer tipo de relacionamento. Você provavelmente já ouviu o ditado "As palavras têm poder". Isso é verdade, não por algum sentido mágico ou sobrenatural, mas porque expressam sentimentos que são direcionados e captados por quem as ouve.

Por isso é tão importante se cercar de pessoas que consideramos agradáveis e se afastar daquelas que consideramos inconvenientes ou rudes.

Chapman defende que tudo o que ouvimos pode afetar quem somos ou, no mínimo, influenciar nossa autoestima. Palavras de afirmação, quando ditas, elevam o sentimento das pessoas e as fazem se sentir mais confiantes.

No processo de desenvolvimento — viver com um filho com TEA é um aprendizado constante e diário — são as palavras de afirmação que ajudarão seu filho a aprender.

Lembra das pontes que eu mencionei? Pois bem, é exatamente isso: ao afirmar constantemente e celebrar cada pequeno avanço no desenvolvimento do seu filho, você começará a construir essas pontes entre vocês, mesmo que ele não responda ou não demonstre nenhuma reação aparente.

Você precisa aceitar que, no mundo dele, onde tudo é compreendido de maneira diferente da que você aprendeu, ele não precisa responder, mas ele te escuta. Além disso, ele compartilha com você tudo o que você está sentindo e demonstrando, inclusive por meio da sua fala.

O vínculo entre uma mãe e um filho é profundamente mais forte do que com outras pessoas. No caso de uma mãe atípica, esse vínculo é ainda mais intenso, pois, além de oferecer cuidados específicos, você precisa aprender enquanto ensina.

TEMPO DE QUALIDADE

A segunda linguagem identificada por Chapman, o tempo de qualidade, parte do princípio de que o tempo que temos é valioso, e isso é inquestionável. Precisamos de tempo para trabalhar, nos divertir, aprender, criar e realizar qualquer atividade que desejamos.

Ninguém dedica tempo em algo de que não gosta ou preferiria dedicar a outra atividade, a não ser por necessidade, como no caso do trabalho. É importante compreender que, embora possamos pensar que trabalhamos em troca de um salário, na verdade estamos vendendo nosso tempo, e o dinheiro é uma compensação pelo tempo e esforço investidos.

Claro, não podemos fugir dessa realidade; todos precisamos trabalhar. Em muitos casos, principalmente na realidade brasileira, as mulheres acabam sendo o arrimo da família, sustentando a casa e, muitas vezes, sendo a única fonte de renda para o sustento e desenvolvimento de seus filhos.

Sabendo que nem sempre poderemos dedicar todo o nosso tempo às atividades de que gostaríamos ou passar o tempo desejado com aqueles que amamos, é fundamental valorizar o tempo de acordo com sua importância.

Se pudéssemos escolher, provavelmente faríamos outras coisas diferentes das que fazemos hoje e passaríamos mais tempo com as pessoas que amamos.

No entanto, a realidade não pode ser alterada simplesmente porque desejamos.

A grande questão é aproveitar ao máximo o tempo que você e seu filho têm juntos. Aprecie cada momento, divirtam-se e façam deste tempo o mais significativo possível.

Não podemos, e sei o quanto isso pode ser difícil, especialmente se você for uma mãe que cuida sozinha do lar, permitir que sentimentos como frustração, cansaço ou esgotamento interfiram no tempo, mesmo que limitado, que passamos com nossos filhos.

Perceba que, ao aplicar essas duas linguagens propostas pelo autor — palavras de afirmação e tempo de qualidade — é possível fortalecer a relação entre mãe e filho. Essas práticas ajudam a construir pontes de conexão entre vocês, criando momentos prazerosos e significativos, mesmo que o tempo seja curto.

PRESENTES

Além das duas primeiras linguagens, encontramos a linguagem do amor expressa por presentes.

Não estou me referindo a bens materiais em geral, mas à tendência de substituir o tempo de qualidade e as palavras de afirmação por presentes, como brinquedos e outros objetos. Muitas mães que trabalham muito e têm pouco tempo para conviver com seus filhos acabam usando presentes como uma forma de compensar a ausência.

Primeiro, entenda que presentear alguém a quem amamos não deve substituir as outras formas de cuidado e atenção. Presentes não são uma medida compensatória para o tempo e a presença.

Embora seja difícil mudar essa lógica — como dar um brinquedo quando não se pode levar seu filho ao parque, oferecer uma viagem quando não há tempo para passar juntos, ou dar um presente caro para compensar palavras não ditas ou erros — é fundamental reconhecer que o valor real está na qualidade do tempo e na comunicação genuína.

As relações humanas não devem seguir a lógica de compensação que encontramos na nossa vida social, no trabalho ou nos estudos, em que muitas vezes um item comprado pode substituir o que falta.

Não estou dizendo que presentar seus filhos é inadequado — todos nós gostamos de receber presentes. No entanto, um presente só tem verdadeiro valor quando é dado com carinho, como uma forma de dizer: "Ei, lembrei de você e você é importante para mim".

Quando entendemos o valor intrínseco no ato de presentear: o carinho investido no gesto é mais importante do que o valor monetário do presente.

Assim, um presente não precisa ser caro para ser significativo, e não deve ser usado somente para compensar uma ausência. A verdade é que, na maioria das vezes, essa tentativa de compensação não funciona como o esperado, podendo ocorrer o inverso.

Todos nós, ao sermos questionados, temos alguma história para contar sobre como alguém tentou se retratar com um bem material após nos magoar. Sabemos que isso geralmente não funciona, porque nem para nós, adultos ou crianças, essa forma de compensação é eficaz.

Um presente só tem sentido de ser quando é dado de maneira despretensiosa, como um afago, um ato de lembrança e carinho. Se for oferecido para compensar alguma falha ou ausência, perderá seu caráter sincero, pois poderá ser visto como uma tentativa de trocá-lo por desculpas ou compensações.

Nesses casos, é melhor optar por desculpas sinceras em vez de tentar substituir com presentes. O que realmente importa é o significado do presente e o esforço que a pessoa fez para escolher algo significativo.

ATOS DE SERVIÇO

Seguindo o conceito das três linguagens anteriores, encontramos a quarta linguagem do amor: os atos de serviço.

Os atos de serviço englobam todos os cuidados que se tem com o ser amado, demonstrando carinho e preocupação com seu bem-estar. Isso inclui desde cuidar das roupas dele até verificar o estado do local onde seu filho irá brincar: verificar se o chão está limpo, se está frio, se não há objetos que possam machucar, entre outras coisas.

Essa é uma linguagem que qualquer mãe entende, pois faz parte da rotina de cuidar do filho: a alimentação, a hidratação, a higiene e tudo que diz respeito à vida do seu filho.

"Quem ama cuida", é o que o ditado diz, e todos sabemos que, ao cuidar de um filho, identificamos suas necessidades e agimos para tornar essas coisas mais fáceis para ele.

Sei bem que pode ser frustrante quando esses cuidados não são percebidos pela outra pessoa, mas esses serviços devem ser prestados sem esperar algo em troca, pois é o cuidado que importa. Assim, ver o ser amado envolto nesses cuidados já é o suficiente para quem cuida. Note, então, que o objetivo não é ser reconhecido por oferecer esses atos de serviço, mas, sim, realizá-los e oferecê-los a quem se ama.

É claro que todos nós gostaríamos de receber um elogio ou um agradecimento pelos serviços que prestamos como cuidadores. No entanto, especialmente para mães atípicas, é necessário aprender a lidar com a nossa necessidade de reconhecimento. A realização desses serviços de cuidado e carinho se materializará apenas no próprio ato de cuidar, na confiança que se constrói ao longo do tempo e no conforto da vida do seu filho.

TOQUE FÍSICO

A última linguagem é o toque físico, como abraços, beijos, carícias e outros gestos que envolvem contato corporal.

É claro que precisamos compreender, antes de qualquer coisa, que Chapman escreve sobre uma realidade muito diferente da nossa. Como estadunidense, ele aborda um contexto em que o toque, o carinho e a aproximação física podem ser considerados um tabu na cultura de seu país. Em muitas culturas estrangeiras, especialmente no hemisfério norte, o toque pode ser considerado invasivo, mesmo entre pais e pessoas próximas.

Para nós, brasileiros, a realidade é um tanto diferente. Costumamos tocar carinhosamente as pessoas que amamos e até abraçar pessoas desconhecidas quando somos apresentados. Portanto, é provável que, das cinco linguagens, o toque físico seja a mais natural para nós, pois estamos acostumados a abraçar e em muitos lugares, a beijar como forma de cumprimento.

Mais do que saber da existência do amor, expresso por meio das outras linguagens mencionadas, o toque é fundamental para que o outro realmente sinta nossa presença.

Seja uma carícia, um beijo, ou um toque no ombro para corrigir a postura ou ajudar a engatinhar ou caminhar, o toque é essencial para comunicar ao seu filho o que você sente por ele.

Observe que digo "comunicar", porque a questão não é apenas se você o ama ou não, mas, sim, se ele sabe e se sente amado.

No caso de um filho com TEA, especialmente se for não verbal, o toque muitas vezes é a maneira mais rápida de comunicação. Isso ocorre porque o toque não requer habilidades comunicacionais avançadas, apenas sensoriais.

Note que o mundo apartado que ele criou resultou em uma realidade muito peculiar que é só dele. No entanto, essa realidade existe apenas em sua mente e na maneira pela qual ele concebe a própria existência. Mesmo assim, ele ainda está presente em seu corpo físico, e isso nunca será diferente. Por isso, toque nele, abrace-o e deixe que ele sinta o seu amor.

Perceba, então, que existem várias maneiras de expressar o seu amor, e a verdade é que nenhuma delas exclui a outra. Pelo contrário, elas podem se somar e se multiplicar, criando um vínculo entre você e seu filho que se fortalece com o tempo e com as experiências compartilhadas.

– 5 –
O AMOR EM SILÊNCIO SIMPLESMENTE DÓI

O silêncio do meu filho me dói todos os dias. Queria dizer que não é assim, que aprendi a não sentir essa dor, que com o tempo ela não me afeta, mas a realidade, como já mencionei, não pode ser alterada pela minha vontade ou pelos meus desejos.

Não ouvir a voz dele me chamando de mamãe me dói. O silêncio que eu escuto todos os dias, após acordar e dar bom-dia para meu filho, e ele simplesmente me olha, ou muitas vezes nem isso, também me afeta. Me dói quando estou na fila do mercado e alguém pergunta o nome dele e ele não responde.

Na verdade, até mesmo responder que "ele ainda não fala" me dói também. Primeiro, porque há um julgamento implícito, e depois, porque eu me questiono sobre minha capacidade como mãe.

Será que fiz e faço tudo o que posso fazer?

Essa e outras perguntas similares nos bombardeiam todos os dias. Acredito que tais questionamentos acompanham o exercício da maternidade e paternidade desde sempre. No entanto, para nós, mães atípicas, esses questionamentos surgem bem antes, e não apenas nos estágios em que os filhos estão se aproximando da maturidade e descobrindo suas preferências.

Toda vez que respondo, vejo nos olhos das outras pessoas, e dentro de mim mesma, o peso desses questionamentos e julgamentos, como se eu fosse a responsável ou como se ele fosse assim por alguma falha minha em algum momento.

Eu sei que não há razão para pensar assim. No entanto, acabamos pensando, e fingir que não é verdade só aumenta ainda mais a dor. Parece que estamos tentando tapar o sol com a peneira, reduzindo a responsabilidade que acreditamos ter sobre o desenvolvimento de nossos filhos, ou mesmo sobre o transtorno.

Não digo que seja possível deixar de se sentir assim, mas ao refletir sobre as linguagens do amor desenvolvidas por Chapman, vejo que elas também se aplicam à relação que mantemos com nosso próprio eu.

E aqui, em vez de procurar em nossas mentes e sentimentos, por críticas que nos tornem responsáveis pelo desenvolvimento dele ou pela insurgência do transtorno, o melhor caminho é adotar um conjunto de palavras de compreensão e aceitação para conosco.

Lembra que as palavras têm poder? Elas realmente o têm, mas não apenas as que dizemos. Na relação que estabelecemos conosco, as palavras que sentimos e que "conversamos" internamente, nos fazem sentir alegres, tristes, corajosas ou enfraquecidas. Não é necessário expressá-las em voz alta para que seus efeitos se manifestem.

Dói. E provavelmente sempre irá doer. Essa dor existe porque você ama seu filho, mas também porque deseja ser uma mãe diferente. É complexo, eu sei.

No entanto, você deve ser a primeira pessoa a demonstrar carinho e afeto por si mesma.

Essa demonstração de afeição por si mesma não deve ter o objetivo de reduzir essa dor, e nem sei se isso seria possível, mas ao menos deve ajudar você a compreender que não é culpada pela situação, pelos julgamentos dos outros e muito menos, por sentir essa dor.

O silêncio que ouço toda vez que pergunto o que ele quer, ou porque está chorando, também me dói. E o fato de suportar esse silêncio, de compreender e aceitar a condição dele, não significa que não doa.

Chegar na apresentação da escola, ver todos cantando ou dançando, e perceber que ele não está ali, também dói.

Dói porque, além da projeção que fizemos sobre nosso filho — e todos que já sonharam em ter um filho sabem do que estou falando — como a primeira apresentação, a primeira briga, a primeira namoradinha, enfim, de todas essas coisas que fazem parte do processo de aprendizado e do crescimento, temos a sensação de que ele está perdendo coisas que nunca experimentará.

Dói por nós mesmos, porque não estamos vivendo aquilo que sonhamos viver com ele, e dói também porque sabemos que ele não terá essas experiências.

Não podemos nos sentir culpadas por sentir essa dor, nem fingir que não nos afeta. Se reprimirmos esse sentimento, ele pode transbordar e nos invadir de uma vez só, e isso será devastador, acredite. O melhor caminho é aceitar que dói e que continuará a doer.

Por muito tempo, senti que meu filho não me amava tanto quanto eu o amava. Hoje sei que esse meu sentimento não era porque ele não me amava, mas porque ele não expressava seu amor da mesma forma que eu.

Entretanto, sei que esse amor existe. Sei que ele me ama, e na teoria, esse conhecimento leva à compreensão. Mas, na prática, a verdade é que não ouvir dói. E dói muito.

Quantas vezes, em sonhos, ouvi a voz dele me chamando e repetindo palavras, algo tão simples e real, e acordava acreditando que finalmente seria o dia em que ouviria, pela primeira vez, a voz do meu filho dizendo alguma palavra. Mas então percebia que era apenas mais um sonho lindo que, ao ser interrompido, me causava ainda mais dor.

Então, na dor do silêncio, nasceu uma nova linguagem do amor para mim, pois tive que aprender a me comunicar de maneira diferente. Tive que descobrir como dar e receber o amor de uma forma distinta daquela que passei a vida inteira interiorizando como a única certa.

AMAR EM SILÊNCIO NÃO É SOFRER EM SILÊNCIO

Vivemos em um mundo cheio de mistérios e eventos que não conseguimos explicar. Não me refiro a fenômenos sobrenaturais, mas ao fato de que ninguém pode saber tudo. Mesmo quando temos uma ideia sobre algo, aplicá-la no mundo real pode ser desafiador.

Certa vez, ouvi uma anedota sobre alguém de hoje que viajou no tempo e foi parar mil anos a frente. Esse viajante imaginou mostrar todas as tecnologias modernas para transformar aquela sociedade. No entanto, mesmo sabendo como funciona a Internet, o rádio, o avião e a eletricidade, ele não conseguiria fazer mais do que contar sobre essas invenções.

Nós, como humanidade, sabemos de muita coisa, desde física nuclear até medicina avançada. No entanto, como indivíduos, sabemos pouco e apenas vivemos neste mundo rodeado de conhecimento.

Assim foi para mim com a descoberta do Transtorno do Espectro Autista. Sabia que existia, é claro, e após o diagnóstico pesquisei, estudei e busquei depoimentos de outras mães atípicas. No entanto, não compreendi o seu significado real até vivenciar a realidade.

Embora o autismo esteja cada dia mais em evidência, ainda é um tema relativamente desconhecido pela sociedade, principalmente para as pessoas que precisarão conviver com o espectro dentro de suas casas e famílias.

Eu mesma, por muitos anos, nunca tinha sequer ouvido falar em TEA. Nasci em uma família simples e humilde, filha única de pais separados e, como a maioria da população brasileira, tive uma infância restrita e com poucos recursos. Porém, sempre frequentei a escola e tive acesso à educação básica, o que nem todas as crianças têm, infelizmente, acabando por não exercer esse direito.

Não estou afirmando que a escola seja suficiente para abarcar todo o conhecimento humano, mas estou falando sobre acesso, inclusão e diversidade.

A escola, embora não seja capaz de transmitir todo o conhecimento acumulado pela humanidade, desempenha um papel fundamental na sociabilização das crianças. Ao conviver em ambientes escolares com pessoas diferentes — em termos de aparência física, habilidades motoras, cor da pele, origens sociais e financeiras, ou graus de aprendizado —, as crianças desenvolvem não apenas a alteridade, ou seja, a capacidade de se colocar no lugar do outro, mas também a compreensão de que a diversidade é uma realidade.

Já ouvi, de diversas fontes, o argumento de que uma criança com Transtorno de Espectro Autista não deveria frequentar as mesmas escolas que as crianças típicas. Na visão dessas pessoas, a presença de um autista atrapalharia o aprendizado e reduziria o conhecimento geral.

Sim, esse tipo de pensamento ainda existe em nossa sociedade. Mães atípicas, não apenas aquelas com filhos com TEA, mas também com outras síndromes ou deficiências, enfrentarão essas atitudes. Esse é um desafio a mais para superar e para não se permitir abater.

SAIBA DE SEUS DIREITOS!

A Lei n° 12.764, de 2012, instituiu a Política Nacional de Proteção dos Direitos da Pessoa com Transtorno do Espectro Autista e garante, entre outras coisas, o acesso da pessoa com TEA à planos de saúde e ao ensino regular, público ou privado:

Art. 5°: A pessoa com transtorno do espectro autista não será impedida de participar de planos privados de assistência à saúde em razão de sua condição de pessoa com deficiência;

Art. 7°: O gestor escolar, ou autoridade competente, que recusar a matrícula de aluno com transtorno do espectro autista, ou qualquer outro tipo de deficiência, será punido com multa de 3 (três) a 20 (vinte) salários-mínimos.

Aprender a amar o seu filho em silêncio não significa viver em silêncio, escondendo suas dores ou evitando as lutas inevitáveis. Pelo contrário, amar seu filho em silêncio é lutar por ele e pelo direito de ser uma criança plena em sua própria realidade. É, acima de tudo, expressar o amor que você sente por ele.

Conviver com a diferença pressupõe uma adequação da sociedade para que todos, independentemente de suas singularidades, possam viver uma vida plena e feliz.

Por essa razão, é fundamental falar sobre os transtornos e criar uma realidade na sociedade em que crianças e pessoas autistas, bem como suas famílias e cuidadores, possam viver e vivenciar suas experiências de maneira digna.

O autismo, apesar de trazer uma série de desafios, deve ser compreendido como uma condição real. Em qualquer cenário, seja familiar ou político, deve ser tratado com seriedade e sinceridade, não apenas para as famílias que convivem com um ente querido nessa condição.

Como mencionado, existem várias condições genéticas, deficiências, transtornos ou distúrbios que podem impedir uma pessoa de falar ou se comunicar diretamente por meio de palavras, e não apenas o autismo.

Não pretendo romantizar essa dor; ao contrário, o que quero dizer é que, mesmo no silêncio, haverá o amor. E esse amor refletirá na sua capacidade de encontrar forças onde antes você sequer imaginava que existiam.

Não permita que um diagnóstico seja o fim para você. É natural que ele causará dor, abale seu mundo e destrua as expectativas que você tinha. No entanto, qualquer que seja o diagnóstico do seu filho, ele permitirá que você enxergue claramente o que ele realmente precisará que você faça por ele.

Ainda hoje, continuo aprendendo e descobrindo muito sobre esse mundo. Confesso que o amor em silêncio é desafiador, mas é encantador.

– 6 –
AUTISMO ESTÁ NA MODA?

— Agora virou moda falar de autismo!
— Está na moda, toda criança tem autismo!
— Por que de uma hora para outra, "apareceu" tanto autista?

Infelizmente, assim está sendo visto e tratado o autismo hoje em dia. Há muitas pessoas ainda desinformadas que julgam o autismo como sendo uma moda. Eu mesma já ouvi pessoas referindo-se ao autismo como se fossem os próprios pais que quisessem simplesmente dar esse diagnóstico aos seus filhos.

É provável que você também já tenha ouvido pessoas referindo-se ao TEA como uma "doença da modernidade", com argumentos do tipo: "se sempre existiu, por que só agora apareceu?". Acontece que não é esse o caso.

Então, o transtorno não apareceu recentemente, mas sua classificação e nossa capacidade, médica e social, de identificar o TEA são recentes.

Isso ocorre porque o autismo afeta as sinapses do cérebro, sendo classificado como um transtorno neurológico. No entanto, só recentemente começamos a desvendar o cérebro humano. Inicialmente, a ciência não tinha ferramentas adequadas para realizar essas investigações e, além disso, havia (e ainda há) muita desinformação sobre os diversos problemas que podem acometer o cérebro e provocar comportamentos atípicos.

Um caminho para entender esse aumento expressivo dos diagnósticos de autismo é o reflexo do progresso de alguns fatores, como o avanço constante da ciência e da medicina em geral.

Médicos usam os critérios estabelecidos pelo DSM-5 — Manual de Diagnóstico e Estatístico de Transtornos Mentais — para conseguir fechar o laudo. O DSM-5 está em sua 5ª edição, e a cada nova versão são adicionados critérios para definir como é feito o diagnóstico de transtornos mentais, trazendo mudanças significativas em todos os critérios usados para o diagnóstico de autismo.

Antigamente, existiam muitos diagnósticos errôneos porque os profissionais não eram capacitados ou porque a medicina e a ciência não sabiam muito sobre o tema, gerando confusões com outros transtornos. Quando se apresentava de forma severa, era tratado como esquizofrenia ou deficiência intelectual, no passado referida como "retardo mental", ou mesmo como outras tantas deficiências. No entanto, quando se enquadrava como "leve", era considerado timidez ou desarranjo social.

Hoje em dia, temos pais, professores, terapeutas, pediatras e neurologistas mais conscientes e bem-informados, que levantam as primeiras suspeitas e têm mais facilidade para compreender os sinais do TEA, o que ajuda na realização de diagnósticos e intervenções precoces.

Assim, à medida que se aumentaram os critérios para esse diagnóstico, mais pessoas se encaixaram nessa condição. Além disso, a questão dos níveis de suporte, que são separados pelas comorbidades e dificuldades apresentadas, também faz com que aumente o número de diagnósticos.

Independentemente do nível de suporte, autismo é autismo.

Então, não está na moda ter um transtorno do neurodesenvolvimento, em que o cérebro funciona completamente diferente da maioria das pessoas.

COMBATENDO O CAPACITISMO

Infelizmente, o que está na moda é o capacitismo da sociedade. É apavorante o preconceito com os autistas. Umas das coisas que mais me tira o sono como mãe atípica é saber que vivo em uma sociedade totalmente ultrapassada quando se trata disso.

O preconceito está por toda parte.

Desde quando recebi o diagnostico, dentro da própria família já começou a negação, dizendo que não poderia ser. Aí vamos para escola, achando que teremos acolhimento, mas o preconceito muitas vezes já começa na matrícula e vai para a sala de aula, para o pátio da escola, para a fila do mercado, para a farmácia... e sempre tem aquele que olha torto, porque autista não tem cara de autista...

Tem pessoas que se incomodam com tudo o que é diferente e, a partir desse incômodo, sentem a necessidade de atacar, por puro medo, ou por precisarem se sentir superiores.

Esse é um dos desafios mais dolorosos que a mãe atípica pode ter. Infelizmente, já sofri e passei por situações que me machucaram muito, mas naquele momento eu agradeci por meu filho não entender a situação, pois, se doesse nele, em mim com certeza doeria muito mais.

Além de viver no limite da exaustão, temos que conviver com o preconceito, capacitismo, bullying, discriminação e trato desigual que, em outras situações, são verdadeiras violências física e psicológica.

– 7 –
AUTISMO
É DOENÇA?

Crianças autistas nascem autistas. O autismo é um transtorno do neurodesenvolvimento. Não é transmissível e não indica que seu filho não poderá desenvolver várias habilidades. Ele terá um estilo de aprendizado diferente e maneiras distintas de demonstrar afeto e perceber o mundo ao seu redor, especialmente em relação ao envolvimento com outras pessoas.

O autista ouve, enxerga e processa as informações de maneira diferente. No entanto, o cérebro do autista está atento a tudo o que está acontecendo. Muitas pessoas se enganam ao pensar que o autista não faz contato visual ou que, quando não olha nos olhos, não está prestando atenção.

Eles estão, de fato, atentos a tudo: luzes, pessoas, vozes, barulhos, toques, movimentos e tudo ao seu redor. O cérebro do autista processa muitas informações simultaneamente, o que pode levar a crises devido à constante sobrecarga de estímulos, muitas vezes de informações que nem precisariam ser processadas.

É como se não conseguissem atribuir significado às coisas que veem e percebem. Sem as mesmas ferramentas de compreensão de uma pessoa neurotípica, eles compensam prestando atenção a todos os detalhes. Dessa maneira, tentam encontrar elementos que ajudem a criar uma noção de significado e sentido que possa ser compreendido por eles.

Como já mencionei, não pretendo romantizar o autismo, e muito menos dourar a pílula para as mães atípicas, dizendo que é uma condição que pode ser vivida num mar de rosas.

Cada autista é único, assim como cada pessoa é única. Portanto, a experiência e o aprendizado serão distintos em cada caso. O diagnóstico não equivale a um parecer que descreve como o seu filho será.

O ESPECTRO

O termo "espectro" é frequentemente usado para descrever níveis e subníveis de uma condição. Ele é representado por figuras ou gráficos que mostram a distribuição de características em diferentes intensidades ou amplitudes, ou seja, é uma representação das variações e intensidades de algo.

O termo "espectro" foi incorporado ao diagnóstico de autismo em 2013, após a descoberta de que a condição se manifesta de maneiras diferentes em cada pessoa acometida pelo transtorno.

Observou-se também que os efeitos do transtorno, como a capacidade de comunicação, a fala e o comportamento, variam de uma pessoa para outra e não são essencialmente idênticos.

Isso significa dizer que nenhum autista é igual ao outro — mesmo entre aqueles que se encontram em níveis similares dentro do espectro.

Sei que isso pode parecer óbvio à primeira vista, já que todo ser humano é único. Entretanto, ao lidar com um transtorno, a divisão em graus ou níveis é fundamental para estabelecer uma agenda de tratamento mais personalizada, resultando em intervenções terapêuticas mais eficientes.

É claro que o "grau" de autismo de um indivíduo pode aumentar ou evoluir para um espectro mais severo, especialmente sem acompanhamento terapêutico, mas isso também não é uma regra, por isso é chamado de transtorno.

O símbolo associado ao autismo utiliza cores e peças de quebra-cabeça, representando não somente a complexidade, mas também essa variabilidade da condição, que depende de circunstâncias, situação e ambiente individuais.

Assim, a palavra "espectro" se refere à variação dos sintomas do Transtorno do Espectro Autista, que podem ser muito diferentes de pessoa para pessoa, com algumas crianças severamente afetadas e outras que só apresentam sintomas leves.

Com o tempo, as interações sociais e as terapias, o progresso na comunicação e em outros aprendizados pode variar de pessoa para pessoa.

O foco deve ser no desenvolvimento de estratégias que permitam à criança se expressar e interagir socialmente da melhor forma possível. Para crianças em níveis mais severos do espectro, isso significa ajudá-las a transitar entre os diferentes níveis de autismo, promovendo o crescimento de suas habilidades enquanto suas limitações recuam.

Obviamente, isso não ocorrerá da noite para o dia e, infelizmente, o progresso alcançado hoje não se manterá no dia seguinte.

Haverá recuos e avanços, mas isso não significa que o autismo seja uma sentença definitiva. Em muitos casos, um autista não verbal pode, sim, desenvolver a fala ou outras formas de se comunicar.

Mesmo que a criança desenvolva essa habilidade, poderá haver momentos em que ela transite entre os níveis do espectro, inclusive na fase adulta. Isso não está necessariamente ligado à evolução ou regressão, é uma característica própria do autismo.

MAS ENTÃO, O QUE É O AUTISMO?

Até aqui, tratei do autismo em seus aspectos clínicos e biológicos. Agora, vou falar sobre sua caracterização legal ou normativa.

Primeiro, é importante esclarecer que a legislação não define a doença, transtorno ou condição médica em si, mas, sim, os desdobramentos e implicações dessa condição para as pessoas afetadas. A lei não trata do transtorno, deficiência ou doença de maneira geral, mas dos direitos e deveres associados a cada condição específica.

Antes de citar essa lei, gostaria de expressar minha admiração por uma grande mulher, uma verdadeira inspiração para todas nós, mães atípicas. Berenice Piana, coautora da lei que leva seu nome, também recebeu o título de Embaixadora da Paz pela Augustíssima Casa Imperial dos Godos do Oriente. Mas, acima de tudo, Berenice Piana é mamãe de três filhos, vivendo a maternidade tanto típica quanto atípica, assim como eu. Quando o Dayan nasceu, uma nova história começou; ela vivenciou o "amor em silêncio" e, ao estudar por conta própria, descobriu o diagnóstico do filho. Sua jornada foi desafiadora, mas Berenice se tornou um símbolo de força e transformação, promovendo mudanças significativas na história do autismo.

Dito isso, a Lei Federal nº 12.764 de 2012, chamada de Lei Berenice Piana, estabelece que pessoas com autismo, independentemente do grau, são consideradas aquelas que apresentam:

> Artigo 1º, inciso I – Deficiência persistente e clinicamente significativa da comunicação e da interação sociais, manifestada por deficiência marcada de comunicação verbal e não verbal usada para interação social; ausência de reciprocidade social; falência em desenvolver e manter relações apropriadas ao seu nível de desenvolvimento.

Além disso, a lei também inclui que as pessoas com autismo devem demonstrar:

> Artigo 1º, inciso II – Padrões restritivos e repetitivos de comportamentos, interesses e atividades, manifestados por comportamentos motores ou verbais estereotipados ou por comportamentos sensoriais incomuns; excessiva aderência a rotinas e padrões de comportamento ritualizados; interesses restritos e fixos.

A Lei define o espectro autista não como uma doença, mas como uma condição que gera algum grau de deficiência. Legalmente, no contexto dos direitos, o autismo é caracterizado como uma deficiência. Por isso, os portadores têm direito a benefícios como a Carteira de Identificação da Pessoa com Transtorno do Espectro Autista (CIPTEA).

A Carteira foi instituída pela Lei nº 13.977 de 2020, conhecida como Lei Romeo Mion. Ela serve para identificar as pessoas com transtorno do espectro autista, facilitando o atendimento tanto em serviços públicos quanto privados.

Perceba que não estou falando de privilégios, mas, sim, facilidades que devem ser impostas pelo poder público. Essas medidas visam tornar a vida das pessoas com TEA e de seus cuidadores menos difícil, em conformidade com a Convenção Internacional dos Direitos das Pessoas com Deficiência, de 2004, incorporada pelo Brasil em 2009:

> Pessoas com deficiência são aquelas que têm impedimentos de longo prazo de natureza física, mental, intelectual ou sensorial, os quais, em interação com diversas barreiras, podem obstruir sua participação plena e efetiva na sociedade em igualdades de condições com as demais pessoas.

É comum que surjam pessoas dispostas a julgar as condições dos outros e até mesmo a existência de legislações específicas para certos grupos. Você provavelmente ouvirá comentários críticos, como sugestões de que seu filho é assim por falta de ação sua ou capacidade de "resolver a situação". Infelizmente, também pode enfrentar comentários maldosos como: "essa geração é fraca".

Veja, entenderemos a importância das legislações protetivas e afirmativas de direitos: igualdade não é oferecer as mesmas regras para todas as pessoas de maneira indiscriminada!

Pelo contrário, a verdadeira igualdade só é alcançada quando oferecemos oportunidades que considerem as diferenças e deficiências de cada pessoa.

A igualdade é um preceito fundamental da nossa Constituição, ou seja, é o que nossa sociedade, ao ser constituída, se propôs a fazer pela população em geral.

Cuidar daqueles que não estão no mesmo patamar de igualdade que as demais pessoas é um dever tanto do Estado quanto da sociedade.

Logo, as leis visam garantir que os portadores do transtorno, assim como seus cuidadores, possam receber uma tratativa mais próxima daquela oferecida aos demais.

Ter uma vaga de estacionamento reservada, uma fila própria ou prioridade de atendimento não deve ser compreendido como benefício. Enquanto um benefício coloca alguém acima dos demais, esses facilitadores não têm essa finalidade. Eles buscam apenas garantir uma proximidade no acesso e atendimento, não um privilégio.

AUTISMO NÃO VERBAL E NÃO FALANTE

É comum usar o termo "não verbal" quando nos referimos às crianças no espectro que ainda não desenvolveram a fala. No entanto, essa criança pode ser "não falante", ou seja, ela pode saber falar, mas não verbaliza. Crianças no espectro que são "não verbais", comunicam-se por meio de gestos, expressões faciais e movimentos corporais.

Na comunicação com uma criança no espectro não verbal, o mais importante, ou melhor, o fundamental, não é apenas tentar entender o que ela demonstra através das expressões faciais ou dos gestos, mas adaptar esses sinais de comunicação às necessidades do momento da criança.

Precisamos entender que seu processo de abstração simbólica — a capacidade de associar gestos, palavras e expressões a objetos e necessidades — varia conforme o ambiente. Embora possa haver repetições, não existe uma correlação fixa entre objeto e significado, assim como ocorre com pessoas neurotípicas.

Às vezes, elas aprendem a falar algumas palavras, como "mamãe", "papai", números, ou até "oi", "tchau", "sim" e "não". Porém, elas têm grande dificuldade em expressar suas vontades de forma mais direta. Ainda que pronunciem uma palavra, raramente a associam ao seu significado. Por exemplo, todos nós sabemos, por convenção e aprendizado, que a palavra "abelha" se refere ao inseto correspondente. No entanto, uma criança autista pode não conseguir associar a palavra ao objeto.

Meu filho já pronunciou a palavra "mamãe", apenas como uma ecolalia, ou seja, uma repetição de palavras fora de contexto, mas nunca associou de fato à minha pessoa. Ele não me chama quando precisa de mim; em vez disso, muitas vezes apenas me puxa pela mão ou me usa como ferramenta para alcançar o que deseja.

A comunicação para um não verbal ultrapassa o sentido das palavras, pois falta a compreensão de que uma palavra se vincula a um objeto ou conceito abstrato. Embora ele possa repetir palavras soltas e isoladas, ele não usa a fala para se comunicar.

Ele também "cantarola" alguns trechos de músicas de desenhos, mas sem nenhuma intenção de comentar ou desenvolver um diálogo.

Já a criança no espectro "não falante", não usa a fala para se comunicar, mas pode se expressar por outros meios, como escrita e digitação, como de gestos, sistemas de comunicação alternativos, como a troca de figuras, para representar suas necessidades e desejos.

Mesmo que a criança não fale, ela utiliza verbos para se comunicar de outras formas. Para ela, há uma conexão entre o símbolo e a palavra ou conceito.

O que eu aprendi na prática é que, mesmo que meu filho não seja oralizado, isso não significa que ele nunca será capaz de se comunicar. Embora ele não possa compreender totalmente ou não saber como se expressar verbalmente, de alguma maneira, ele está estabelecendo uma forma de comunicação.

Mesmo que meu filho nunca tenha me respondido ou interagido verbalmente, não cabe a mim tratá-lo como se ele não me entendesse. Na verdade, sou eu quem ainda precisa compreender o que ele entende sobre mim.

Enquanto ele não fala, eu preciso falar por ele. Tento narrar toda a nossa rotina o máximo possível. Quando dou banho, nomeio cada parte do corpo enquanto o lavo. Ao vesti-lo, peço que levante o pé, levante os braços e, se vamos sair, descrevo todo o trajeto. Pergunto todos os dias como foram as terapias e as aulas, se foram legais ou divertidas.

É fácil, falar sozinha?

Não é. Dói, mas eu vou continuar, mesmo que me cause dor. Sei que ele precisa disso, sei que é necessário estabelecer algum tipo de vínculo de comunicação.

É muito difícil falar o dia todo e ouvir apenas silêncio. Mas ele está ali, mesmo que distante, e eu sei que ele me escuta. Então, se seu filho fala o tempo todo e te chama frequentemente, não reclame, pois tem pessoas que desejam e sonham com isso todos os dias.

Quantas vezes me peguei pensando: "Será que algum dia ele vai me contar como foi seu dia de aula?"; "E se alguém fizer mal a ele, como vou saber, se ele não me fala?"; "E se ele tiver fome, sede ou sentir alguma dor na escola, como vão saber, se ele não fala?"

E, mais uma vez, o amor em silêncio me dói.

O autista não verbal não é necessariamente uma condição permanente e imutável. Com o tempo, a criança pode desenvolver habilidades de fala e comunicação em geral, especialmente com intervenções adequadas, suporte profissional e estratégias personalizadas.

No caso do meu filho, por exemplo, descobri que a alteração genética identificada no DNA dele ainda não havia sido descrita na literatura médica. Não existe nenhuma alteração semelhante registrada, o que significa que não há nenhuma alteração igual à dele no banco de dados do genoma humano.

Nosso desafio é entender e traçar um plano terapêutico individualizado para ele. O mesmo princípio deve ser aplicado a todas as pessoas no espectro.

DIFERENTES NÍVEIS DE SUPORTE NO AUTISMO

O autismo é uma condição cerebral e, como tal, isso impacta o desenvolvimento da criança. Isso significa que o aprendizado ocorrerá de maneira diferente, não apenas em comparação com crianças neurotípicas, mas também entre os próprios autistas.

Por isso, o TEA apresenta tantas gradações, pois afeta cada indivíduo de maneira distinta, levando ao desenvolvimento de sistemas de cognição únicos.

Quando eu compreendi tudo isso, percebi que tinha não só um novo mundo para conhecer, mas também que precisava descobrir uma nova maneira de pensar. Aprendi a pensar como o meu filho e, assim, a tentar ver o mundo através dos olhos dele, falando sua língua própria.

Minha intenção em não romantizar o autismo vem da percepção de erros comuns, principalmente entre aqueles que não convivem com autistas, sob os níveis do espectro. Quem nunca ouviu alguém dizer que o autismo "leve" é mais fácil de lidar? Ora, é fácil pensar assim, mas para quem convive com um autista, ainda que leve, é sim, muito pesado! Autismo leve só parece leve para quem está de fora.

A palavra "leve" pode gerar uma compreensão equivocada sobre o dia a dia. Na verdade, mesmo para o autista leve, a convivência, o cuidado, e todas as questões envolvidas na criação de uma criança são intensificadas. Pense: se a maternidade já implica uma enorme carga de responsabilidade, trabalho e desafios, imagine então tudo isso amplificado.

Nunca se deveria chamar de "leve" algo que não se carrega. Somente quem vive o autismo sente na pele e sabe o quanto dói ver o mundo julgar nossas necessidades invisíveis. Quem não vive o autismo, só vê a ponta do iceberg.

Além de toda a carga habitual de ser pai e mãe, há também o desafio de se esforçar ao máximo para compreender os sentimentos, vontades e necessidades do seu filho. Em muitos casos, como o meu, apenas ouvindo este amor em silêncio.

A ausência da fala no caso do não verbal torna a situação, já desafiadora devido ao espectro, ainda mais complexa e pesada, porque acentua todos os outros traços comuns ao autismo. Todos os meus desafios se intensificam ainda mais pelo fato de não conseguir conversar com ele.

Desculpe se estou falando tão abertamente sobre isso, não quero causar preocupação e medo ao expor as coisas dessa forma. Minha intenção é apenas retratar a realidade de uma mãe atípica para que você, que está chegando agora, não seja pega desprevenida ou tenha ilusões quanto ao dia a dia. Ou você que talvez não conviva com o autismo, tenha agora a compreensão e empatia desses desafios.

Se você acredita, ou já ouviu de alguém, que um autista não verbal, não falante, não tem uma vida complexa, ou que autistas com nível de suporte leve ou moderado têm uma rotina mais tranquila do que aqueles que necessitam de um nível maior, a resposta é clara: não!

Não é mais fácil só porque o nível de suporte é considerado leve — porque de leve não tem nada. Quantas vezes já ouvi comentários como "Não parece, ele não tem cara de autista" ou "Nossa, mas ele é tão lindo, tem certeza de que é autista?".

Eu tenho que explicar que o autismo não tem uma aparência física. Autismo não tem cara; é um transtorno que impacta o comportamento.

A sociedade não enxerga como é a vida dessas pessoas no dia a dia. Autistas no nível 1 de suporte, por exemplo, são os menos reconhecidos, muitas vezes recebendo diagnósticos tardiamente, até mesmo na vida adulta.

Quando as pessoas se deparam com autistas no nível 1 de suporte, costumam dizer: "Nossa, mas ele fala, então não é autista!". Isso ocorre porque nos autistas de nível 2 e 3 de suporte, que quase não falam, são mais facilmente reconhecidos. Eles podem até falar, mas se limitam ao básico e não desenvolvem uma conversação completa com os outros.

O que quero dizer é que, independentemente do nível de suporte em que o autista se encontra, nenhum é "leve". Tanto em casos mais brandos quanto nos mais severos existem prejuízos, e muitos deles são ocultos.

Eles têm hiperfoco, rigidez cognitiva, hipersensibilidade, distúrbios do sono, dificuldades na interação social, seletividade alimentar, comportamentos repetitivos ou estereotipias. Precisam de suporte para realizar atividades simples e enfrentam crises de ansiedade e nervosismo. Além disso, muitos autistas não verbais, como é o caso do meu filho, podem desenvolver ansiedade e depressão.

Então, é leve para quem?

— 8 —

AUTISMO TEM TRATAMENTO?

Tenho certeza de que, ao ler este livro, você já se lembrou ou percebeu que conhece alguém que se encaixa em algum traço do transtorno; seja seu filho, filha, ou qualquer outra pessoa próxima a você.

E se for este o caso, especialmente se você ainda não tem muito conhecimento sobre o assunto, é natural que esteja se perguntando: "Tá, já entendi muitas coisas, mas, afinal, o autismo tem cura ou não?"

A resposta para essa pergunta é não: o autismo não tem cura, mas pode ser tratado.

Como já mencionei, o autismo não é uma doença. O TEA não sumirá com tratamento ou com o tempo; é uma condição, e é por isso que é legalmente classificado como deficiência.

O TEA afeta cerca de 2% da população mundial, e geralmente é identificado na infância. No caso do meu filho, o transtorno afeta inicialmente a habilidade de fala e, consequentemente, a comunicação. Se não for tratado corretamente, e dependendo do "grau" de severidade do espectro, isso pode gerar atrasos cognitivos.

Além das dificuldades de interação social e de comportamento, os atrasos no desenvolvimento da fala são indicadores importantes que levam muitos pais e profissionais a suspeitarem do TEA.

O diagnóstico pode ser feito na infância, como mencionado anteriormente, já nas primeiras fases do desenvolvimento da criança, entre 12 e 24 semanas. Porém, é a partir da vigésima quarta semana que os sinais ou sintomas se tornam mais evidentes.

É importante ressaltar que, embora em alguns casos possam ser utilizados medicamentos, o tratamento do TEA é essencialmente terapêutico, envolvendo não apenas a família do indivíduo, mas também todos os seus espaços de convivência, como por exemplo o ambiente escolar.

Sendo um transtorno que afeta o desenvolvimento da criança, o tratamento terapêutico precisa ser multidisciplinar e multifacetado, envolvendo profissionais de diversas áreas, já que as necessidades podem variar de caso a caso.

Sei bem como é frustrante para uma mãe não conseguir ajudar um filho, seja qual for a situação. É da nossa natureza materna querer ajudar ao ver nossos filhos enfrentando alguma dificuldade ou problema.

No entanto, no caso do TEA, só a sua força de vontade, por maior que ela seja, não será suficiente.

E está tudo bem não ser suficiente. É preciso que você, pai ou mãe de uma criança autista, reconheça que o transtorno, em primeiro lugar, não é culpa sua nem do seu filho e, em segundo lugar, que o transtorno que ocorre dentro do cérebro do seu filho, portanto, há uma limitação natural em relação à sua atuação prática.

Não estou sugerindo que você abandone tudo e deixe as coisas simplesmente acontecerem. Muito pelo contrário, é essencial que você continue atuando com determinação. O que quero dizer é que a frustração não deve impedir sua atuação.

Quanto mais cedo o diagnóstico for realizado, maiores serão os benefícios para o seu filho.

Agora, quero falar brevemente com as mães típicas: embora o diagnóstico precoce possa trazer benefícios, não se prenda à ideia de tentar a todo custo encontrar sinais de autismo na sua criança. Vamos abordar isso com mais detalhes.

OS SINAIS

De acordo com diversos especialistas e com o próprio Ministério da Saúde, o autismo é mais prevalente em meninos, com uma proporção de quatro meninos para cada menina diagnosticada com o espectro.

Acredito que isso é conhecido por muitas mães que buscaram informações sobre o autismo, especialmente em relação ao diagnóstico.

Porém, tem havido um aumento no número de diagnósticos de meninas e mulheres adultas. Muitas dessas mulheres, ao terem contato com seus filhos e filhas autistas, começaram a reconhecer em si mesmas sintomas similares aos apresentados pelas crianças, seja em seu comportamento atual ou em aspectos que eram comuns na infância.

Muitas mulheres adultas que compartilham suas experiências com o diagnóstico tardio afirmam que o autismo pode ser menos perceptível em meninas. Isso ocorre porque a manifestação do transtorno pode variar entre meninas e meninos, o que dificulta a percepção da condição.

Elas também destacam que as mulheres podem ser mais propensas a camuflar os sintomas e se adaptar mais facilmente, apresentando manifestações mais sutis de suas limitações sociais e de comunicação, além de terem maior capacidade de imitar o comportamento daqueles com quem convive, gerando maior subnotificação do número de meninas autistas.

Ainda há casos de mulheres que, ao buscarem diagnóstico para suas filhas, recebem negativas dos médicos justamente pelo fato de serem meninas. Muitos profissionais podem supor que, por serem meninas, é pouco provável que apresentem autismo — o que pode levar a diagnósticos tardios.

Precisamos entender que, embora o autismo seja aparentemente mais prevalente em meninos, essa não deve ser uma regra rígida. Meninas também podem ter o transtorno e precisam iniciar o acompanhamento adequado para beneficiar seu desenvolvimento.

Assim, é fundamental que os pais estejam atentos aos sinais do autismo, sem se concentrar apenas no fato de seus filhos serem meninas ou meninos.

A observação deve ser feita com atenção, independentemente do gênero.

É claro que os sinais de autismo e de possíveis comorbidades devem ser observados e recebidos com a devida atenção. No entanto, nenhum pai ou mãe deve se angustiar tentando encontrar esses sinais.

Porém também não se deve ignorar possíveis sintomas de autismo. É necessário um tratamento para proporcionar à criança uma vida plena — e quanto mais cedo esse tratamento começar, melhor será para o desenvolvimento dela.

Resumindo, os sinais de TEA em crianças mais novas podem incluir a perda de habilidades previamente adquiridas, baixo contato visual e vocalização, preferência por objetos em vez de interação com pessoas, pouca atenção às expressões faciais, poucos sorrisos, interesses não usuais, irritabilidade ao ser segurada no colo e pouca interação com a mãe durante a amamentação, dentre outros aspectos.

O Ministério da Saúde resume bem os sinais de TEA em crianças com menos de 18 meses:

De 6 a 8 meses	De 12 a 14 meses	Por volta de 18 meses
Não apresentam iniciativa em começar, provocar e sustentar interações com os adultos próximos (por exemplo: ausência da relação olho a olho).	Não respondem claramente quando são chamadas pelo nome.	Não se interessam por jogos de faz-de-conta.
Não se interessam pelo prazer que podem provocar no outro.	Não demonstram atenção compartilhada.	Ausência da fala; ou fala sem intenção comunicativa.
Silenciamento de suas manifestações vocais, ausência do balbucio, principalmente em resposta ao outro.	Ausência do apontar protodeclarativo, na intenção de mostrar algo a alguém.	Desinteresse por outras crianças: preferem ficar sozinhas e, quando estão assim, não incomodam ninguém.
Ausência de movimentos antecipatórios em relação ao outro.	Não há ainda as primeiras palavras; ou os primeiros esboços são de palavras estranhas.	Caso tenham tido o desenvolvimento da fala e interação, podem começar a perder essas aquisições.

De 6 a 8 meses	De 12 a 14 meses	Por volta de 18 meses
Não se viram na direção da fala humana a partir dos quatro primeiros meses de vida.	Não imitam pequenos gestos ou brincadeiras.	Já podem ser observados comportamentos repetitivos e interesses restritos e estranhos (por exemplo: por ventiladores, rodas de carrinhos, portas de elevadores).
Não estranham quem não é da família mais próxima, como se não notassem a diferença.	Não se interessam em chamar a atenção das pessoas conhecidas nem lhes provocar gracinhas.	Pode aumentar seu isolamento.

Fonte: Área Técnica de Saúde Mental, Álcool e Outras Drogas/Dapes/SAS/MS.

Em crianças maiores, sinais de TEA podem incluir a ausência de interação social recíproca, evitando-se contato visual ou físico, isolamento, dificuldades na comunicação, baixa habilidade de imitação de comportamentos, atrasos na fala, dificuldades na compreensão de conceitos, estereotipias e restrição de interesses.

Se, em algum momento, você se lembrar de alguém que possa estar no espectro autista, independentemente da idade, inclusive se for um adulto, é importante buscar uma intervenção terapêutica para desenvolver e melhorar as habilidades de comunicação e lidar com as dificuldades.

Tenha certeza de que isso ajudará a melhorar significativamente a qualidade de vida dessa pessoa.

O DIAGNÓSTICO

Como já foi dito, diagnóstico não é uma sentença. E sei bem como um diagnóstico como esse pode soar aos nossos ouvidos, aos nossos olhos e sonhos. Saber que um filho precisará de uma série de cuidados e que provavelmente enfrentará mais desafios do que uma criança típica, não é fácil.

É devastador, eu sei, mas é fundamental manter a calma e, principalmente, o pé no chão.

Busquei ajuda terapêutica cedo e, apesar de ter procurado um diagnóstico e intervenções precoces, ainda enfrento grandes desafios todos os dias.

Embora o TEA não possa ser diretamente correlacionado a um gene ou a um conjunto de genes, é um transtorno comumente genético, mas que também pode ser influenciado por fatores ambientais.

O tratamento deve ser adaptado ao espectro e às condições específicas de cada indivíduo. Além disso, é importante investigar a presença de comorbidades associadas ao TEA, que também podem exigir tratamento. O quadro a seguir detalha essas comorbidades:

Transtorno	Sigla	Definição
Transtorno de Déficit de Atenção e Hiperatividade	TDAH	Transtorno neurológico caracterizado por padrões persistentes de desatenção, hiperatividade e impulsividade.
Transtorno Opositor Desafiador	TOD	Transtorno de comportamento caracterizado por desafios frequentes e oposição a figuras de autoridade, manifestando-se com irritabilidade, desobediência e discordâncias constantes. Pode desaparecer ou ser atenuado com o tempo e com ajuda profissional.
Transtorno de Desenvolvimento da Linguagem	TDL	Transtorno que dificulta a aquisição da fala e o uso da linguagem, prejudicando a compreensão e a produção de palavras e frases. Pode afetar o aprendizado do vocabulário, a gramática, a leitura e a compreensão do que os outros estão falando.
Deficiência Intelectual	DI	Distúrbio neurológico que compromete o desenvolvimento pessoal, social e as habilidades de aprendizado formal do indivíduo. Caracteriza-se por limitações significativas no funcionamento intelectual, resultando em dificuldades de aprendizado e na realização de atividades comuns.

Fonte: Elaborado pela autora.

Além disso, a criança com TEA pode apresentar transtornos de ansiedade, fobias, transtorno obsessivo-compulsivo (TOC), transtornos gastrointestinais, alterações alimentares, distúrbios do sono, dispraxia e outros tipos de comprometimentos motores.

É comum que as crianças com TEA apresentem fraqueza muscular, dificultando o manuseio de objetos mais pesados. Elas também podem reagir de maneira agressiva ao serem tocadas, seja afastando-se com agressividade ou demonstrando um impulso agressivo.

É importante entender que, nesse comportamento, o afastamento não tem o mesmo significado que teria para uma criança ou pessoa típica. Quando seu filho se afasta, isso não é um sinal de falta de amor ou de que ele não se importa com você, então mantenha-se firme.

Para uma criança autista, afastar o outro é uma reação mais objetiva, direcionada simplesmente para evitar o toque ou escapar da interação. É uma resposta mais literal do que sentimental.

É importante mencionar que o diagnóstico do transtorno é feito em duas etapas. A primeira verifica se a criança está dentro do espectro autista, enquanto a segunda identifica o nível de suporte necessário.

Somente após essas etapas é possível considerar formas de tratamento. Além disso, os diagnósticos são sempre descritivos e não explicativos.

Compreenda que o diagnóstico não revelará as causas do autismo do seu filho, ninguém pode determinar isso com precisão. O objetivo é avaliar o grau ou nível de suporte necessário com base nos sintomas apresentados e nas informações fornecidas por quem convive com a criança. Assim, será possível traçar o melhor caminho para o tratamento.

Não espere que o diagnóstico resolva todas as suas dúvidas. Apesar de desafiador, esse passo acaba sendo libertador, afinal vocês finalmente terão um direcionamento eficaz.

O diagnóstico significa menos uma dúvida e mais um caminho a seguir.

OS TRATAMENTOS

Dentre os vários tipos de tratamentos para pessoas com TEA, as terapias mais comuns incluem a terapia ocupacional, a terapia comportamental, a fisioterapia, musicoterapia e outras atividades físicas, o acompanhamento, psicológico, pedagógico e a fonoaudiologia.

Também há a equoterapia, que meu filho amou. Essa atividade física não se resume apenas a montar o animal, como pode parecer à primeira vista. Ela envolve a criança em todas as atividades relacionadas ao cavalo, permitindo que ela perceba que a montaria é o resultado de um processo de preparação que possibilitou a prática da atividade.

Antes de se iniciar a montaria, existe uma série de etapas a serem vencidas e habilidades a serem desenvolvidas, como criar confiança com o terapeuta e com o animal, fortalecer o corpo, entender como será a montaria e muitas outras atividades.

Isso é realmente muito importante, pois, no dia a dia, será necessário ajudar seu filho a perceber que até as tarefas mais simples são, na realidade, processos compostos por várias fases.

Sei que isso pode parecer exaustivo e até um pouco improdutivo, mas o que acontece é que, naquele mundinho próprio dele, onde ele desenvolve as próprias regras de compreensão e codificação das informações, tudo é compreendido de maneira mais finalista. Ele pode não perceber o processo anterior a atividade. Por exemplo, se ele recebe uma fruta picadinha, pode concluir que todas as frutas devem sempre estar cortadas.

Sei que a questão alimentar é, na maioria dos casos, um desafio por si só. No entanto, é importante que se mostre, ou pelo menos tente mostrar, todos os processos envolvidos até que se chegue ao resultado, sem desanimar.

Dessa maneira, você também iniciará uma forma de diálogo com seu filho, oferecendo-lhe uma maneira gradual de perceber e compreender o mundo. Isso ajuda a reduzir a possibilidade de futuros gatilhos e permite que os processos façam parte de suas rotinas.

Quando falo de rotinas, algo tão importante para a maioria das pessoas com TEA, não me refiro apenas a uma rotina fixa, mas, sim, a acrescentar aos poucos o caráter consequencial das coisas, mesmo que, para ele, o processo possa parecer caótico.

A criança com TEA tem dificuldade em perceber as coisas da maneira que outras pessoas. O que para as crianças típicas pode ser considerado normal, como juntar peças de cores diferentes utilizando outros critérios, como dimensões ou formatos, são brincadeiras comuns que simplesmente não farão sentido para o autista.

Quando algo não faz sentido dentro de sua maneira de categorizar, organizar, quantificar e decodificar, isso se tornará divergente, e essa divergência levará a um sentimento de caos, falta de controle e principalmente de insegurança.

Mesmo que essa divergência leve à insegurança, o caminho não deve ser o de evitar a divergência. Agindo assim, você só reforçaria a maneira como a criança se organiza e se compreende no mundo. Pelo contrário, é preciso, ainda que devagar e com pequenas coisas, apresentar ao seu filho o aspecto aleatório ou caótico.

Seu filho, em algum momento, precisará viver a própria vida, seja uma criança típica ou alguém com Transtorno do Espectro Autista.

E aqui está o grande X da questão: nem eu, nem você, nem mãe ou pai conseguirá controlar todo o mundo. Portanto, quanto antes seu filho se acostumar, não necessariamente com todas as divergências, mas com o próprio conceito de divergência, melhor será para ele.

O AMBIENTE SOCIOAFETIVO

Existe um provérbio africano que diz: "É preciso uma aldeia inteira para educar uma criança".

Nada é tão simbólico para compreender esse ditado do que ser uma mãe atípica. Nós nos acostumamos a pensar no desenvolvimento de forma nuclear, apenas em família, e isso é válido para tudo. Nos esquecemos de que, na verdade, a vida é vivida em toda a comunidade.

Exercitar os cuidados com meu filho me fez perceber que a empatia pela dor e pelas dificuldades dos outros é essencial para tornar a carga de cada um de nós menos pesada.

Não estou dizendo que as pessoas devem carregar o peso das dificuldades alheias, mas é importante não tecer julgamentos, e não usar suas próprias métricas para opinar sobre algo que você não conhece de fato e nunca vai conhecer.

Eu posso até tentar me colocar na pele de outra pessoa, mas isso não me tornará essa pessoa e nunca saberei o que significa ser ela.

Ainda que pareça óbvio, às vezes é preciso repetir, justamente porque pode ser facilmente esquecido.

Compreendo hoje que a educação e o aprimoramento de nossas crianças — seja do ponto de vista educacional, emocional, afetivo ou alimentar — são os primeiros passos para a construção de uma sociedade melhor.

E, como diz o ditado: "Muito ajuda quem não atrapalha".

Vivemos no tempo da superinformação, em que todos têm ou querem ter uma voz e opinar acerca dos mais variados assuntos. No entanto, qualquer opinião precisa passar internamente pelo crivo da empatia e reconhecer que, embora sua opinião seja válida, essa validade pode se restringir ao seu próprio ponto de vista.

Às vezes, focamos em emitir alguma opinião, especialmente sobre o que nos toca. Muitos emitem opiniões diversas sobre o autismo e afirmam que o transtorno "está se tornando uma modinha", mas não é bem assim.

Como mencionei, vivemos na era da superinformação, e algumas pessoas se aproveitam disso para gerar conteúdo ou criar engajamento nas redes sociais.

A verdade é que somos uma grande tribo que, por meio das plataformas de conteúdo e de interação virtual, pode estar mais próxima, difundindo conhecimento e compartilhando experiências. Uma rede de apoio é fundamental para qualquer pessoa, especialmente para aquelas que precisam conviver com situações adversas ou complexas.

Lógico que o primeiro lugar onde seu filho encontrará acolhimento é no ambiente doméstico, e assim precisa ser. Mas existem crianças que nem sequer têm esse acolhimento, e isso precisa ser dito, falado, discutido e, principalmente, direcionado ao poder público.

Costumo dizer que, enquanto meu filho não fala, eu preciso falar por ele. No entanto, a verdade é que todos nós precisamos falar por nossas crianças, não apenas pelos nossos filhos atípicos, mas por todas as nossas crianças, pois essa é a base de um futuro melhor, inclusive para o meu filho autista.

O ambiente socioafetivo começa no lar, mas se estende para fora dele, à medida em que a criança começa a conviver em outros espaços, realidades e pessoas. O fundamental aqui é a alteridade, ou seja, saber se pôr no lugar do outro.

— 9 —
TERAPEUTA EM TEMPO INTEGRAL

Também conhecida como "mamãe atípica", a terapeuta em tempo integral é formada pela intensa e árdua rotina que acompanha essa função.

Não existe um curso para se tornar uma mãe atípica; não se aprende isso em uma universidade, e nem mesmo a maternidade por si só nos prepara para tal. A única maneira de aprender esse ofício é por meio da vivência, muitas vezes árdua e dolorosa.

A rotina de precisar ser uma mãe atípica é o que nos torna uma mãe atípica.

Importante dizer que o termo "mãe atípica" não se relaciona ao estado ou condição neurológica da mãe, mas, sim, ao exercício de uma maternidade desafiadora, com funções extras em comparação à maternidade das mães de filhos neurotípicos.

É claro que, além, das responsabilidades com o filho, um desses desafios é a carga extra imposta pela sociedade, que inclui críticas e obrigações adicionais.

Que mãe atípica, se perguntada, já não passou por uma situação em que, ao revelar a condição do filho, foi tratada como se também tivesse dificuldades de se comunicar, como se o autismo da sua criança tivesse sido herdado dela ou causado por ela.

É muito comum que as pessoas vejam essa condição como resultado de possíveis falhas dos pais, como se houvesse alguma maldição. Já ouvi relatos sobre isso, num medievalismo arcaico e ultrapassado, em que os pais são culpados pelas condições dos filhos, como se fosse um castigo divino.

É claro que isso decorre, em grande parte, da falta de conhecimento, mas também de uma incapacidade de se colocar no lugar do outro e de um sentimento de superioridade moral.

É desse pensamento, arcaico e embrutecido, que nasce o preconceito e a desvalorização da mãe atípica. Uma mãe atípica precisa fazer o papel de mãe diversas vezes mais que uma mãe típica, por questões matemáticas simples: meu filho requer mais atenção e cuidados do que uma criança típica. A condição dele não é o resultado de meus pecados ou de erros cometidos por meus ancestrais. Isso é tolice!

Retomando o provérbio africano "É preciso uma aldeia inteira para educar uma criança", reforço que, infelizmente, essa noção de aldeia muitas vezes se perde devido aos padrões de consumo e ao individualismo imposto ao modo de vida ocidental.

Cada um de nós acaba abdicando da responsabilidade de educar e cuidar de nossas crianças, e isso pode ser um dos aspectos mais cruéis de nossa sociedade.

Quando vemos uma criança pedindo esmolas ou vendendo balas nas ruas, mesmo condoídos com aquela situação, culpamos a família ou o governo, sem considerar que nós, como parte da comunidade, também temos responsabilidade.

"O mal triunfa quando os bons se ausentam", já ouvimos esse ditado, mas talvez não tenhamos refletido sobre a sua verdadeira sabedoria.

Nossa responsabilidade com as nossas crianças ultrapassa aquilo que podemos fazer dentro de casa; o primeiro passo é ensinar nossos filhos a entenderem a noção de comunidade e de "aldeia".

É claro que não quero desconsiderar a responsabilidade dos pais cujos filhos vivem em condições degradantes. No entanto, é válido refletir: será que esses pais, quando crianças, tiveram acesso e oportunidades?

Se não tiveram, certamente estão apenas reproduzindo a realidade e visão de mundo que aprenderam, o que é realmente muito triste.

Culpar os indivíduos por suas mazelas, dores ou dificuldades é fácil fazer, mas também é a atitude mais mesquinha e cruel.

Não pretendo me vitimizar nem vitimizar a situação das mães atípicas, assim como não pretendo eximir o poder público de suas responsabilidades. No entanto, a vida de qualquer pessoa é repleta de dificuldades, das mais variadas formas, e na maioria das vezes, a pessoa não é responsável por essas situações.

É verdade que algumas pessoas têm habilidades para sair de situações difíceis, como um lar desestruturado ou uma situação financeira desfavorável.

Mas, e isso é uma das coisas que aprendi com meu filho, não podemos presumir que sabemos o que se passa na cabeça das outras pessoas. Ainda assim, precisamos iniciar um diálogo, uma comunicação que seja de mão dupla.

Acho importante falar um pouco sobre isso porque, às vezes, vejo pessoas com suas próprias dificuldades julgando e querendo punir outras pessoas pelas dificuldades delas. Usam o mesmo artifício que muitos utilizam para fazer julgar as mães atípicas, nos responsabilizando e culpando por situações sobre as quais temos pouco ou nenhum controle.

Obviamente, se pudessem escolher, todas as pessoas optariam por uma vida sem dificuldades, com conforto, alegria, comida, carinho, sabedoria e saúde. Mas a realidade não é assim.

Não é assim para as mães atípicas.

Não importa o quanto desejemos que nosso filho melhore totalmente, ou não tenha essa condição, as coisas não acontecem apenas pela nossa força de vontade. A realidade se impõe de qualquer forma, e a única coisa que podemos e conseguimos fazer é aprender a conviver com ela.

A mãe atípica, seguindo o provérbio africano, muitas vezes é a única integrante daquela aldeia de cuidados.

No Brasil, em especial, a mãe frequentemente se torna essa aldeia inteira. Sem redes de apoio, reduzindo a participação até mesmo do pai nos cuidados com a criança, especialmente a atípica.

Não pretendo demonizar a figura paterna, mas também não posso fechar os olhos para a realidade como ela é. Tampouco jogarei ainda mais peso e culpa nos ombros de mulheres que, dia após dia, se desdobram em mil para cuidar e conseguir gerir seu lar da melhor maneira possível, ou da melhor maneira que aprenderam, muitas vezes repetindo padrões de suas mães.

AS MÃES DO BRASIL

De acordo com dados do Departamento Intersindical de Estatística e Estudos Socioeconômicos (DIEESE), atualmente, 50,8% dos lares brasileiros são liderados por mulheres. Considerando apenas os lares com filhos, as mulheres são arrimo da família em cerca de 63,2% desses lares, sendo 34,2% de mulheres casadas e 29% de mães solo.

Independentemente de se identificarem como neurodivergentes ou não, são as mães atípicas que enfrentam a situação sem saber exatamente do que se trata. São elas que mergulham no desconhecido universo do autismo.

Ser mãe no Brasil já envolve uma alta dose de responsabilidades, e ser mãe atípica amplifica essas dificuldades. A situação não apenas permanece desafiadora, como se torna ainda mais complexa.

Saber que nosso filho terá que lidar com o transtorno para o resto da vida é angustiante e nos causa um enorme medo do futuro. Ter medo pelos filhos é natural, e acredito que faça parte da experiência de ser mãe. No entanto, ter a certeza de que seu filho não desenvolverá as mesmas ferramentas e defesas para encarar o mundo quando chegar a hora, isso é realmente desafiador.

Neste momento, surgem pensamentos do tipo: *O que será do meu filho quando eu não estiver mais aqui?*

Esse pensamento nos causa uma sensação horrível de abandono. Não o abandono no sentido de ser deixado por alguém, mas o abandono daquilo que concebemos enquanto maternidade e que aprendemos a vida inteira a compreender como sendo o nosso papel de mãe.

É claro que o pai — me refiro apenas aos pais de verdade, aqueles que assumem a carga e criam efetivamente seus filhos — também deve passar por situações complexa que eu, enquanto mãe, dificilmente conseguirei compreender com total clareza ou dimensão. No entanto, digo a partir de minha própria experiência, que é a de mãe.

E é justamente nesse momento, a partir do diagnóstico, quando somos jogadas nesse mar de incertezas, dúvidas e medos, com tantos e tantos pensamentos nos consumindo sem dar descanso, que precisamos iniciar os tratamentos. É aí que devemos simplesmente arrancar forças de onde nem sequer cogitávamos existir.

No momento em que nos sentimos mais desamparadas é que precisamos encontrar a força para começar uma jornada intensa de terapias, intervenções, tratamentos, inclusão escolar e por aí vai.

CONHECENDO O PROBLEMA

Assim como quase tudo na vida, a primeira coisa que devemos fazer ao enfrentar uma situação indesejada ou difícil, ao contrário do que o senso comum possa sugerir, não é tentar procurar resolver a situação de imediata, ou fugir dela.

O primeiro passo é buscar o máximo de informações possíveis, desde relacionamentos até situações financeiras complexas.

O conhecimento é sempre o primeiro passo, pois sem ele a possibilidade de erro aumenta. E, quando o assunto são nossos filhos, o mínimo que podemos fazer é tentar errar menos.

Aqui está uma verdade que aprendi até agora: o caminho de um pai e de uma mãe não é o caminho da perfeição, mas, sim, o caminho da redução de erros e enganos.

Comecei a investigar o autismo do meu filho quando ele tinha um ano e oito meses. Ele já apresentava muitos traços, como não fazer muito contato visual.

Em alguns momentos, quando era chamado pelo nome, mesmo que de perto ou quando era tocado, ele não respondia, como se realmente tivesse alguma deficiência auditiva, e essa foi a primeira hipótese que considerei.

Meu filho também já demonstrava um enorme interesse por luzes e objetos giratórios, além do notório atraso da fala, ao menos para o desenvolvimento esperado para crianças da sua idade.

Embora receber um diagnóstico de autismo não seja fácil, especialmente porque não desejamos esse diagnóstico, devemos seguir em frente, pois essa parte também é importante.

Acredito que seguir com o diagnóstico seja o primeiro desafio de uma mãe atípica. É preciso investigar com seriedade e, acima de tudo, coragem, porque, quanto antes se iniciar o tratamento, mais cedo e mais rápido poderá haver algum tipo de melhora. Assim como quase tudo na vida, o tempo também é fundamental.

Muitas mães vivenciam esse primeiro momento como um verdadeiro luto, afinal, muitos dos nossos sonhos se desvanecem e todos os planos que havíamos projetado com aquele filho perdem o sentido. Isso acontece porque aquilo que idealizamos sequer fará sentido para ele. E essa perda de sentido, para nós mesmas, é bem difícil de aceitar e admitir. É como se um pedaço dos nossos sonhos se perdesse com a ilusão do filho idealizado.

Certa vez, ouvi de um médico neuropediatra que o momento em que ele revela o diagnóstico de autismo aos pais, tem a sensação de que "todos os dias, parecia enterrar uma criança e fazer nascer outra".

É um relato forte, eu sei, mas também sei que é mais ou menos essa a sensação que se experimenta, porque tudo que havia sido planejado, pensado e calculado, muitas vezes por anos antes mesmo da concepção, precisará ser repensado, recalculado e, principalmente, ressignificado. Lembra que citei no começo sobre "zerar o game", se reiniciar para um novo jogo?

Cada mãe leva seu tempo com relação ao luto que pode acompanhar o diagnóstico. Algumas passam por essa sensação em questão de dias; outras levam meses, e algumas outras podem levar alguns anos. E certamente sei que haverá algumas que jamais conseguirão deixar essa sensação de luto, levarão isso consigo para sempre.

E por mais que eu quisesse dizer que isso passará, ou mesmo que a sensação melhorará com o tempo, não estaria sendo totalmente honesta. A realidade é o que é; aprendemos a viver com ela, mas também, às vezes, isso é tudo de que precisamos mesmo: aprender a conviver e a aproveitar.

Precisamos aprender a conviver e a aproveitar não os momentos que desejávamos ou que havíamos concebido inicialmente, mas os momentos e as situações boas que existirão, com certeza. É uma questão de se adaptar, não a uma nova realidade, e é preciso que isso fique claro, mas de se adaptar à realidade, pura e simples.

A realidade não é aquilo que queremos ou que conseguimos manipular. Nunca conseguiremos, nenhum de nós. A realidade é aquilo que é, de fato, e entender isso é o primeiro passo para uma vida mais equilibrada e mais feliz.

Confesso que, no dia que recebi o diagnóstico de autismo do meu filho, chorei muito, e só pensava no quanto meu filho poderia sofrer com isso.

Mas hoje sei que muito do choro naquele dia foi devido à minha falta de informação, ao medo do desconhecido, à ignorância e ao fato de não fazer ideia do que era o autismo, nem ao menos compreender como isso impactaria a vida dele.

Nunca podemos aconselhar ou projetar o futuro de alguém sem usar como base as nossas próprias vivências e conhecimentos adquiridos ao longo da vida e dos estudos. Isso parece óbvio, mas muitas vezes criamos castelos de areia em nossas mentes e cogitamos, por exemplo, que nossos filhos irão corrigir nossos erros ou mesmo dar continuidade aos nossos acertos. A verdade é que a vida irá impactar seu filho de maneiras muito diversas daquelas que a sua vida impactou você e fez você ser o que é, com seus erros, acertos, qualidades e defeitos.

Apesar de temer pelo futuro dele, aprendi que, em hipótese alguma, mesmo com um filho neurotípico, eu, como mãe, jamais poderia viver por ele, ou pelo menos lutar suas batalhas. Em algum momento, ele terá de vivenciar as próprias experiências, as próprias dores, como qualquer pessoa.

Acredito que essa descoberta sobre a maternidade faça parte de todo caminho de uma mãe, mas, no caso das mães atípicas, esse conhecimento precisa vir e ser recepcionado muito antes, e em um instante em que quase nunca estamos preparadas para absorver isso.

Mesmo assim, de certa forma, aceitei bem, até porque a primeira coisa que compreendi é que não havia, efetivamente, nada que eu pudesse fazer para modificar essa situação, e questionar o diagnóstico seria apenas viver em negação.

Isso, sim, poderia ser danoso ao meu filho, e na verdade, eu estaria de fato protegendo apenas a mim mesma. E, pior que isso, nem estava me protegendo: o que estaria fazendo, na verdade, seria proteger os sonhos e as projeções que eu fazia no meu filho.

Não estou dizendo que superei o autismo do meu filho. Tem dias que o luto ainda me pega. Mas, naquele primeiro momento, não tive outra opção.

Quando recebemos o diagnóstico, o autismo parece um labirinto, mas quando o aceitamos, a saída fica mais fácil. E, sem querer perder mais tempo, desci esse diagnóstico "goela abaixo", arregacei minhas mangas, e entendi que ninguém conseguiria ajudar meu filho se eu não aceitasse que ele precisa de ajuda e tratamento.

Compreendi que teria que ir atrás de aprender tudo sobre o transtorno o quanto antes. E isso vale para toda a família. Nem todos os familiares acreditaram ou aceitam o diagnóstico, e isso pode dificultar, causar atrasos e, principalmente, atrapalhar os pais. Por isso, é tão importante praticar a alteridade, tanto para com os outros, as pessoas de fora do núcleo familiar, quanto com a própria família.

É difícil quando as pessoas que poderiam ser sua rede de apoio não se importam tanto como gostaríamos.

Quantas vezes eu quis compartilhar algo com minha família, empolgada, contando alguma evolução do meu filho, mesmo que pequena, mas que para mim era enorme, e encontrei neles uma expressão de que aquilo não era nada de mais.

Mesmo quando eu posto nas redes sociais alguma coisa falando sobre autismo, novamente vem os julgamentos, como se eu quisesse "aparecer". Sabe aquela história que o autismo é leve só para quem não carrega? Se eles não aceitam ou não acreditam no diagnóstico, eu não posso fazer nada; quem precisa de mim é o meu filho.

Entenda, por mais que tais situações possam ser desagradáveis e dolorosas, a verdade é que nem parentes, nem conhecidos, ninguém deve ser a baliza para a minha relação com meu filho ou com seu tratamento.

Sei bem que é comum procurarmos por aprovação e validação, e geralmente o primeiro lugar em que buscamos essas coisas é na família. No entanto, esperar, em qualquer caso, geralmente só nos conduz a um caminho de desilusões e decepções. Isso é um fato e, como disse, com este livro não pretendo dourar nenhuma pílula, ou romantizar absolutamente nada.

Em muitas famílias, ocorre o mesmo tipo de tratamento, às vezes motivado por desconhecimento e, outras vezes, por falta de interesse. Família, parentes, amigos — muitos acabam se afastando após o diagnóstico, talvez porque não queiram estar disponíveis para o caso de um favor ou algo do tipo, como se entendessem aquela carga como sendo exclusivamente sua, e não estivessem dispostos a ajudar a carregar, ainda que você nunca tenha pedido por isso.

Alguns dão desculpas de que não sabem como ajudar; outros até perguntam se está tudo bem ou querem dar palpites, mas ninguém se dispõe a fazer o papel da mãe atípica. A maioria não se envolve e não faz ideia de como é cuidar de uma criança com autismo. Pode até ser da família, mas não tem noção do quão desafiadora é a vivência.

MAS POR QUE NOS TORNAMOS "TERAPEUTAS"?

Ser terapeuta em tempo integral é ficar 24 horas por dia em estado de alerta; é ser vigilante sem descanso.

A maioria dos autistas não tem noção de perigo. Lembram-se daquilo que disse sobre a falta das defesas comuns nas outras pessoas? É tensão e atenção o tempo todo com eles, e todo tempo que temos também é para eles.

Mãe de autista não pode ficar doente, não pode ficar cansada, não pode ir às compras; até tomar um banho um pouco mais demorado, muitas vezes, torna-se um desafio, porque não tem com quem deixar o filho.

Vivemos sempre preocupadas com todas as demandas que precisamos atender. Saímos da clínica após terapia com um turbilhão de informações e comandos que temos que aplicar em casa. Temos a responsabilidade de sempre policiar e corrigir os comportamentos dos nossos filhos em tempo integral, e ainda mais difícil é policiar e corrigir os nossos próprios comportamentos para que não atrapalhem a evolução dos nossos filhos. Não é fácil.

Sem dúvidas, nós, mães atípicas, somos as maiores interessadas nessa evolução, porém tem dias que estamos esgotadas. O raciocínio já não acompanha as nossas ações e falhamos. Sim, falhamos e acabamos cedendo a alguma coisa, talvez até reforçando algum comportamento indesejado de nossos filhos.

Em momentos como estes, mesmo após a terapeuta orientar que deveríamos falar "não", aplicar determinadas técnicas ou estratégias de intervenção, acabamos vencidas pelo cansaço, porque já aplicamos várias técnicas e estratégias ao longo do dia, nem todas com sucesso.

Era hora de falar "não", eu sei que era. Por que eu estaria reforçando aquele comportamento inadequado do meu filho?

Porque tem momentos que entramos no modo automático, fruto de um estado de exaustão enorme. Mas, como disse, é um estado de cuidado constante e falharemos.

Até isso nós precisamos trabalhar em nós mesmas: ter a compreensão que não damos conta de tudo a todo momento e, mesmo falhando, precisamos seguir em frente, pois também não há muito espaço para lamentar possíveis falhas.

Você já deve ter visto uma situação em que um automóvel, depois de muito tempo na estrada ou após ser submetido a um esforço muito grande, "ferve", superaquece o motor ou o radiador. É necessário parar, talvez para colocar água ou realizar algum tipo de manutenção que pode até esconder um problema muito mais sério. Esse momento é um sinal de que é preciso dar um tempo, parar por um instante que seja, porque, sem isso, o motor do automóvel simplesmente fundirá.

Acontece o mesmo com a gente. Em alguns momentos de sobrecarga, precisamos simplesmente desligar. Se não fizermos isso por nós mesmos, acredite, o próprio corpo irá entrar em colapso.

Assim, quando estamos exaustos, "fervemos", e nos vemos sem condições de continuar. Porém, dificilmente temos a opção de dar uma pausa, tomar água e voltar para a estrada.

A VIDA NÃO PARA DEPOIS DO DIAGNÓSTICO

A coisa que quase ninguém fala é que, quando nos tornamos mães atípicas, a nossa vida continua. Precisamos aprender a ser terapeutas em tempo integral, mas ainda temos que ser profissionais, mulheres e lidar com todas as outras questões. A vida não para, muito menos nossas obrigações e responsabilidades.

A maioria das terapeutas do meu filho vão me cobrar, mas elas não trabalham em tempo integral como eu e não sabem que, talvez, aquela noite foi passada em claro porque, mais uma vez, meu filho não dormiu. E, no cansaço e esgotamento, acabei cedendo a ele. O que elas não sabem é que, após uma manhã conturbada e agitada de crises, eu deixei meu filho em frente à tela em algum momento, simplesmente para poder ir ao banheiro ou almoçar.

Na teoria, dentro da clínica, a intervenção seria fácil, é linda, é maravilhosa, mas nós, mamães atípicas, sabemos que na prática não é tão simples assim. No nosso dia a dia, não é simples.

O nosso turno não tem fim, e muitas vezes não temos uma rede de apoio. Não tem alguém para revezar, e a maioria das mães acabam abandonando suas atividades profissionais para se dedicar integralmente ao tratamento, como ele exige. Os pais, por sua vez, dobram a jornada de trabalho para arcar com todas as despesas aumentadas. Esse, de fato, foi o meu caso.

Tive que parar de trabalhar fora de casa para me dedicar ao tratamento e cuidar do meu filho, e meu marido teve que dobrar a jornada de trabalho para lidar com o aumento das despesas. Ele precisou ficar mais tempo fora de casa, o que resvala em mim, já que ele, minha única rede de apoio, está longe.

Assim, com o passar do tempo, nos tornamos especialistas e terapeutas em tempo integral.

Quando digo que somos terapeutas em tempo integral, estou sendo literal.

Certa vez, enquanto estava em uma loja de conveniência, em poucos minutos aguardando na fila, observei uma criança tirando e alinhando objetos nas prateleiras. Sua mãe chamou a atenção dele para que parasse, mas ele ficou mais agitado e começou a girar em volta de si mesmo. Quando a mãe pediu novamente para ele parar, ele se jogou no chão, impaciente, e a mãe já estava sem paciência e sem saber mais o que fazer.

Em fração de segundos, identifiquei que aquela criança estava se desregulando, provavelmente com o entra e sai da loja, muito movimentada, com luzes, pessoas falando alto e muitas informações. Talvez a rota também não fizesse parte da sua rotina. As estereotipias, como alinhar objetos e girar em volta do próprio eixo, eram apenas maneiras que ele encontrou para se regular.

Oferecemos àquela mamãe que passasse à frente na fila, e ela agradeceu dizendo: "Desculpe, ele é autista!"; eu respondi: "Não tem que se desculpar de nada".

Quando vivenciamos situações novas, especialmente as difíceis, começamos a abrir nossa mente e nossos olhos para além de nossas verdades e convicções. Fica cada vez mais fácil identificar alguém dentro do espectro autista, porque essa passa a ser nossa realidade. Nos tornamos quase especialistas no assunto.

Eu sabia desde o começou o que estava acontecendo. Como uma boa terapeuta em tempo integral, vulgo "mamãe atípica", já tinha percebido o comportamento daquela criança e do que se tratava. Infelizmente, mais da metade da fila não sabia, nem sequer fazia ideia, e observava a criança e a mãe com costumeiros olhares de julgamento, como se a criança agisse daquela forma por pura birra ou devido à má educação recebida da mãe que "não corrige".

O que quero dizer ao te contar essa história é que nós, mamães atípicas, desenvolvemos esse olhar clínico e sabemos identificar esses sinais. A partir disso, desenvolvemos empatia umas com as outras. Mas a maioria da sociedade, não, porque não vive com o transtorno no dia a dia; o que sabem, é apenas por ouvir falar.

Por isso é tão importante, e eu sempre reforço isso, exercitar nossa empatia com as outras pessoas, não apenas com aquelas que compartilham conosco uma situação ou condição, mas com todas as pessoas, porque nossas opiniões podem simplesmente estar assentadas na nossa própria falta de conhecimento ou informação.

Eu conheço a dor de quando um filho entra em crise sem que eu saiba o que fazer para ajudá-lo. Conheço a dor de ver um filho se desregular e não saber o motivo e, principalmente, de não saber o que posso fazer para aliviar seu incômodo. E me dói ainda mais quando as pessoas não entendem o meu filho.

A vida da terapeuta em tempo integral se resume a isso: brigar pelos direitos, lutar contra o preconceito, estudar sobre autismo, se decepcionar com a escola, correr atrás de tratamento adequado, lidar com estresse com planos de saúde e convênios, lembrando que muitas famílias não têm condições de pagar pelas terapias, e ainda, se virar sem rede de apoio, tratar a seletividade alimentar, entender questões sensoriais, lidar com exclusão e isolamento, brigar com o INSS, enfrentar o transtorno de ansiedade e buscar remédios superfaturados.

E ainda temos de lidar com esse furacão chamado autismo, que passa por nós 24 horas por dia e não nos diz uma palavra sequer. O amor em silêncio dói.

— 10 —
NINGUÉM CUIDA DE QUEM CUIDA!

Todos dizem que as mães atípicas são especiais, são anjos. Dizem que temos uma missão, que nascemos escolhidas para cuidar dos outros, mas ninguém imagina como é doloroso cumprir essa missão.

Passamos sorrindo por tantos desafios, que muitos não aguentariam nem mesmo chorando.

Parece que a mãe atípica tem superpoderes, mas isso não é verdade. Não damos conta de tudo todos os dias; sempre deixamos algo de lado, e na maioria das vezes, deixamos a nós mesmas.

Já sorri muito enquanto fingia estar tudo bem. Sorrio, mas não é porque eu suporto tudo isso, não é que não esteja doendo, ou que eu não esteja sofrendo muito.

A verdade é que passamos a vida cuidando dos outros, mas e aí, quem está cuidando de nós?

É óbvio que penso essas coisas, todas nós pensamos. Ainda somos seres humanos com desejos, necessidades e sonhos.

Quem está cuidando de mim?

Aliás, quem deveria estar cuidando de mim, se nem eu mesma estou fazendo isso?

A verdade é que ninguém cuida de quem cuida!

Acredite, por trás de uma criança atípica desenvolvida, existe uma mãe que luta e vence batalhas diárias, que nunca aceita um não, que se desdobra em duas, em quatro, em mil, mas não deixa a peteca cair.

Cada avanço é resultado de muito esforço; por isso comemoramos cada novo aprendizado, cada conquista, porque nos custou muito, porque foi obtido por meio de muitos sacrifícios.

Somos sobrecarregadas psicológica e fisicamente. Vivemos sempre no limite da exaustão.

Tenho certeza de que, assim como eu, todas as mães atípicas só queriam ser cuidadas, com alguma proporção dos cuidados que oferecemos e que damos a todo o resto: à casa, ao filho, ao transtorno...

Tudo bem, eu acredito mesmo que tenho uma missão especial e que todas as mães atípicas são escolhidas por Deus. Tudo isso pode até ser verdade, mas não nos tira o direito de dizer que está difícil, que estamos cansadas e que também precisamos de ajuda.

Como já mencionei, de vez em quando aparece algum amigo ou parente e pergunta se está tudo bem, ou se precisa de alguma coisa, mas geralmente isso é feito mais por uma questão de educação, e apesar de também ser algo bem-vindo, não chega nem perto de cuidar de quem cuida.

E muitas vezes, quando alguém me pergunta se está tudo bem, mesmo que não esteja, eu acabo respondo que sim. Sabe por quê?

Porque a verdade é que já estou farta. Precisamos de muito mais além disso: precisamos de inclusão, de empatia, de respeito pelos diretos que meu filho tem.

Cansei de ouvir: "Você é tão forte, admiro tudo o que você faz!".

Também não preciso de admiração!

Não quero compaixão. Não quero tapinha nas costas dizendo que sou forte, dizendo que sou uma heroína, uma guerreira.

— Ah, Priscila, mas eu gosto quando alguém me diz que sou forte. Eu quero, sim, que me chamem de guerreira.

Está tudo bem algumas terem essa opinião. Mas eu não vou generalizar, porque quando faço isso, tiro o direito de todas as outras dizerem que está difícil, que estamos cansadas, que não é fácil ou que não estamos dando conta.

Geralmente, nós, mães atípicas, nos sentimos culpadas o tempo inteiro. E esse sentimento de culpa nos pega tão facilmente porque estamos sempre exaustas. Mas acontece que permanecemos de pé, nem sempre por força, mas somente por necessidade mesmo.

Na maior parte das vezes, só conseguimos seguir em frente pela pura imposição da necessidade de ir adiante.

Na verdade, somos mulheres cansadas, estressadas e adoecidas. Precisamos também de cuidados, até porque, se não estivermos bem, dificilmente daremos conta de tudo o que precisamos fazer para nossos filhos.

Existem diversos estudos que revelam que mães atípicas de jovens ou crianças no espectro autista experimentam um estresse crônico comparável ao de soldados em guerra. Isso é muito sério, e o suicídio de mães atípicas tem chamado a atenção de pesquisadores ao redor do mundo.

Isso indica claramente que, infelizmente, o cuidado para com aquelas que cuidam das crianças com o espectro não avança na mesma medida ou velocidade com que se avançam a descoberta e os estudos sobre o TEA em si.

É preciso que haja vozes falando abertamente também sobre isso, sem medo de julgamentos ou de ser taxada como reclamona ou coitadinha. O assunto de cuidar de quem cuida é sério e precisa ser tratado com a seriedade que merece.

Assim como um soldado em combate, mães atípicas vivem em rotinas intensas e persistentes, com grandes desafios. Essa demanda constante pode ser esgotante.

Soldados em guerra raramente têm descanso, assim como as mães atípicas acumulam o cansaço e isso vai adoecendo a saúde física e mental.

Assim como um soldado em combate precisa estar sempre em alerta na batalha, mães atípicas estão sempre vigilantes.

Da mesma maneira que os soldados amam e lutam por sua nação, as mães atípicas lutam inabalavelmente pelos seus filhos, mesmo quando estão exaustas e adoecidas.

Muitos podem ficar chocados com os dados dessas pesquisas, menos nós, mamães atípicas. Isso é novidade apenas para alguns que não convivem diariamente com este universo à parte, porque nós sabemos que vivemos em uma montanha russa de emoções e estresse que simplesmente não arrefecem, não dão um minuto de descanso.

Quanto maior as demandas e eventos estressantes, mais comportamentos inadequados surgem, deixando as mães em alerta o tempo todo. Essa fadiga só piora a situação emocional das mães e afeta negativamente a criança.

Essa exaustão mental e física pode interferir diretamente na evolução da criança, tornando-se uma engrenagem perigosa tanto para a saúde mental da mãe atípica quanto para o autista.

O estresse constante pode acarretar, inclusive, no desenvolvimento de outros problemas mentais, como ansiedade, depressão e crise de pânico, o que mais uma vez interfere na capacidade de cuidar dos filhos de maneira eficaz.

Uma mãe sob estresse perde a capacidade de modelar comportamentos sociais e emocionais saudáveis para seus filhos, que precisam de exemplos constantes e afirmativos durante as fases de aprendizado das habilidades importantes para a comunicação e a interação social.

A sobrecarga do estresse também dificulta a manutenção do estado emocional adequado e a disponibilidade para os filhos. Esse apoio emocional é essencial para a evolução e desenvolvimento das crianças, é fundamental, e cabe à mãe atípica proporcionar.

Ficou bem claro?

Isso mesmo, eu, mãe atípica, e você, mãe atípica, também precisamos cuidar de nós mesmas, do nosso emocional e da nossa saúde mental. Principalmente porque, sem este cuidado, talvez não fiquemos tão saudáveis como precisaríamos para cuidar de nossos filhos.

O primeiro passo para com o tratamento dos nossos filhos autistas é cuidar de nós mesmas, da nossa saúde mental e física, e do nosso estado de espírito e humor.

Precisamos de cuidado, sim, e não deixe isso soar aos seus ouvidos como egoísmo, pois não é. Cuidar de nós mesmas também significa cuidar dos nossos filhos; isso precisa ficar muito claro.

Você pode estar se perguntando:

— Como eu posso cuidar de mim mesma?

— Onde vou achar tempo para isso?

— Ah, eu não tenho coragem. Tenho outras coisas importantes para fazer!

— Imagina! Meu filho em primeiro lugar, depois cuido de mim!

Pode até estar pensando que adoraria fazer qualquer outra coisa para se cuidar, mas que é impossível ou que jamais deixaria seus afazeres de casa ou os cuidados com o seu filho para se colocar "em primeiro lugar".

Não é isso. Aliás, é bem o contrário. Ao cuidar de si mesma, você garantirá que os cuidados com seu filho sejam mais eficazes. Como pretende cuidar do seu filho se você mesma não está bem?

Veja, faz sentido usar uma ferramenta desgastada, que quase não consegue mais exercer sua função, para tentar executar uma tarefa? Não, né?

Se a ferramenta está ruim, então é preciso amolá-la, consertar ou até mesmo trocar. No caso, não há como trocar, pois a ferramenta é você.

Agir com esse grau de comprometimento nos cuidados com seu filho também exige que você aja de forma profissional.

O que quero dizer com isso?

Não é para você se formar em alguma área ou trabalhar em alguma função. Mas, ao pensar de forma profissional, entendemos que a primeira coisa que qualquer profissional irá requisitar e cuidar muito bem é a sua ferramenta de trabalho, e essa ferramenta, no nosso caso, é nossa saúde mental.

O autocuidado é uma necessidade inegociável!

É preciso que você tire um tempinho para si mesma, mesmo que mínimo. Não estou dizendo para abandonar tudo e pensar só em você, mas isso deve fazer parte das coisas urgentes que você tem para fazer.

Não sinta culpa por querer pensar em você; isso também faz parte dos cuidados como um todo. Como disse, é manter a ferramenta em bom estado e garantir que ela esteja sempre na melhor forma.

Não se sinta culpada quando estiver cansada ou sem vontade de fazer algo que envolva a maternidade. Não se culpe por não estar bem. Não se culpe por ter pensamentos negativos sobre toda essa situação.

Quando uma mãe atípica diz que está cansada, não é do seu filho ou filha, mas da rotina que parece nunca ter fim e que evolui muito lentamente, quando evolui.

Tenho certeza de que você ama seu filho do mesmo jeito que sempre amou, assim como eu amo o meu. Mas estamos exaustas; temos esse direito e, mais ainda, temos o dever de nos cuidar.

Quando eu entendi que essa culpa não deveria existir e que era preciso cuidar de mim, da minha saúde mental e emocional, comecei a prestar mais atenção em mim e tudo tomou outro rumo.

Nossa jornada sempre será desafiadora. Não estou dizendo que vai ficar mais fácil ou mais leve. O que estou dizendo é que precisamos disso para simplesmente não entrar em curto-circuito.

Não é que fica mais fácil, mas você ficará mais forte! Começar a se cuidar vai deixar você mais forte e mais preparada para lidar com seu filho.

É claro que a culpa bate toda hora. Tinha tantas outras coisas para fazer; imagina como eu poderia me deitar, assistir a um filme, ler um livro?

Como eu poderia deixar de arrumar a casa, lavar roupas para fazer algo como pintar o cabelo, fazer as unhas, ou até mesmo tomar aquele banho com calma?

Perdi as contas de quantas vezes fui dormir sem tomar banho porque tentei acalmar meu filho em uma crise e acabei adormecendo junto a ele, ou quando viramos a noite em claro e no outro dia quase perdi o horário da terapia. Saía de casa até sem pentear o cabelo, sem tomar café, mas nunca deixei de levar meu filho à terapia.

Passar o dia batido sem almoço, então... Eu lá ia lembrar que também precisava comer? Quando lembrava, já era hora da janta. Eu só fazia algo para mim com mais calma de madrugada, quando todos já estavam dormindo, ou então antes de o dia amanhecer.

Esse era o único momento que ninguém precisava de mim.

Agora você está se perguntando, ou tenho certeza de que em algum momento da sua leitura passou pela sua cabeça: Como uma mãe que se diz atípica conseguiu tempo para escrever um livro?

Pois eu faço questão de compartilhar.

Confesso que a ideia de escrever um livro nunca tinha passado pela minha cabeça. E quando comecei, por muito tempo achei isso impossível. Mas foi em uma folha de caderno, ainda com rebarbas, que comecei a desabafar. Nos piores dias de angústia e estresse, coloquei as palavras naquela folha, junto de muitas lágrimas.

Nesse exato momento, estou sentada na clínica onde meu filho faz terapias multidisciplinares, também escrevo em alguns momentos em que perco o sono de madrugada. Aproveito os minutos enquanto ele está brincando. Já perdi as contas de quantas vezes parei de escrever porque ele tirava a fralda, pegava o próprio cocô e trazia até mim, ou de quantas vezes parei para cuidar dele durante uma crise, colocá-lo para dormir, e voltar a escrever.

Aquela folha de papel foi para um caderno, depois para o computador. Até que decidi que gostaria que outras mães atípicas pudessem ler e, quem sabe, se identificar.

Encontrei nos livros uma "fuga" para minha mente, descobri vários universos, o que equilibrou minha saúde mental e emocional. Isso me permitiu estar mais saudável para enfrentar todas as batalhas no campo de guerra chamado autismo.

Fui administrando o pouco tempo que me sobra para cuidar de mim. Comecei com alguns livros sobre assuntos variados, incluindo o TEA. Estudei autismo como uma ferramenta, uma forma de me capacitar e me preparar mais para cuidar do meu filho.

Procurei e fiz cursos online; existem vários gratuitos, de qualquer profissão, cursos técnicos, de artesanato, terapêuticos. Então, minha sugestão é que você procure qualquer assunto que te agrade, que seja do seu interesse. O importante é aproveitar essa uma hora ou meia hora que seja.

Se não quiser fazer um curso, procure outra atividade. Faça uma caminhada, qualquer coisa que tenha vontade de fazer e que faça com que você se sinta bem. E se simplesmente não quiser fazer nada, não faça nada, mas não se sinta culpada por reservar um momento para não fazer nada.

O importante é tirar um tempo para você e colocar a sua cabeça em outro lugar.

Esqueça todo o restante e foque em você nesse pequeno período.

Assim como em vários treinamentos de primeiros socorros, para salvar a vida de alguém, antes você precisa salvar a sua.

Já deve ter ouvido no avião ou em algum filme a aeromoça dizendo: "Em caso de despressurização, máscaras de oxigênio cairão automaticamente. Coloque a máscara primeiro em você, ajuste, e depois auxilie os outros".

Vamos considerar essa "despressurização" como a nossa árdua e turbulenta maternidade atípica.

O que você está fazendo no meio dessa turbulência que vivemos todos os dias? Está colocando primeiro o oxigênio em você?

Se a resposta for não, entenda de uma vez por todas e sem sentir culpa:

Você precisa desse oxigênio primeiro.
O seu filho precisa de você bem e saudável para cuidar dele.

Eu sei que, para meu filho, a vida também não é fácil; ele sofre tanto quanto eu. Ele não tem culpa nenhuma; nasceu assim e eu o amo assim! E exatamente por amá-lo demais que eu precisei mudar isso.

Antes, eu me sentia muito culpada por estar cansada de cuidar do meu próprio filho, esgotada com a situação, mas não se culpe. Além de todos os altos e baixos que já passamos dentro de casa — crises nervosas, estereotipias, sono irregular, falta de suporte — ainda temos o estresse de buscar tratamento, terapias, consultas médicas, remédios, lutar por inclusão, escola e enfrentar preconceito.

Talvez, assim como eu, em algum momento você já tenha pensado em desistir. Eu te entendo, porque é verdade que, quando estamos muitos cansadas, queremos desistir.

Mas desistir não é a melhor opção; quando estamos cansadas, o certo é descansar.

Pense em todas as batalhas que você já lutou até agora, as humilhações que já superou, todas as dificuldades que enfrentou. Tudo isso mexe com a nossa estrutura, eu sei, mas não podemos deixar que isso nos derrube.

O que adoece as mães das crianças atípicas não são os filhos; é o sistema em que ninguém cuida de quem cuida!

Espero, de coração, que eu tenha acrescentado algo na sua vida e contribuído de alguma forma com a sua jornada. Muitas vezes, pensei em desistir desse livro, achando que eu não poderia ser mais nada na vida além de mãe atípica, e você também pode ser o que você quiser, além de ser uma ótima mãe.

Mantenha-se firme, mamãe. O amor em silêncio dói, mas vale a pena. E quando esse silêncio se quebrar, eu volto aqui para te contar, combinado?!

REFERÊNCIAS

AIRMARD, Paul. **O surgimento da linguagem na criança**. Porto Alegre: Artmed, 1998.

BRASIL. **Decreto nº 6.949, de 25 de agosto de 2009**. Promulga a Convenção Internacional sobre os Direitos das Pessoas com Deficiência e seu Protocolo Facultativo, assinados em Nova York, em 30 de março de 2007. Brasília. Disponível em: https://www.planalto.gov.br/ccivil_03/_ato2007-2010/2009/decreto/d6949.htm. Acesso em: 28 jun. 2024.

BRASIL. **Lei nº 12.764, de 27 de dezembro de 2012**. Institui a Política Nacional de Proteção dos Direitos da Pessoa com Transtorno do Espectro Autista; e altera o § 3º do art. 98 da Lei nº 8.112, de 11 de dezembro de 1990. Brasília. Disponível em: https://www.planalto.gov.br/ccivil_03/_ato2011-2014/2012/lei/l12764.htm. Acesso em: 08 jun. 2024.

BRASIL. **Lei nº 13.977, de 08 de janeiro de 2020**. Altera a Lei nº 12.764, de 27 de dezembro de 2012 (Lei

Berenice Piana), e a Lei nº 9.265, de 12 de fevereiro de 1996, para instituir a Carteira de Identificação da Pessoa com Transtorno do Espectro Autista (Ciptea), e dá outras providências. Brasília. Disponível em: https://www.planalto.gov.br/ccivil_03/_ato2019-2022/2020/lei/l13977.htm. Acesso em: 08 jun. 2024.

BRASIL. Ministério da Saúde. Secretaria de Atenção à Saúde. **Linha de cuidado para a atenção às pessoas com transtornos do espectro do autismo e suas famílias na Rede de Atenção Psicossocial do Sistema Único de Saúde.** 2015. Disponível em: https://bvsms.saude.gov.br/bvs/publicacoes/linha_cuidado_atencao_pessoas_transtorno.pdf. Acesso em: 26 jun. 2024.

CAMPELO, Lílian Dantas *et al*. **Autismo:** um estudo de habilidades comunicativas em crianças. Revista Cefac. [S.L.], v. 11, n. 4, p. 598-606, dez. 2009. FapUNIFESP (SciELO). http://dx.doi.org/10.1590/s1516-18462009000800008.

CAMPOS, Roberta Bivar Carneiro. **Investigações sobre o Amor Materno:** sobre significados, experiências, afetos e práticas corporais na maternidade. algumas notas para pesquisa. RBSE - Revista Brasileira de Sociologia da Emoção. S.L, v. 10, n. 4, p. 210-222, abr. 2005. ISSN 1676-8965.

CHAPMAN, Gary. **As cinco linguagens do amor**. 3. ed. S.L: Mundo Cristão, 2024. 208 p.

CHEVRIE-MULLER, Claude; NARBONA, Juan. **A linguagem da criança**: aspectos normais e patológicos. Porto Alegre: Artmed, 2005.

CZELUSNIAK, Adriana. **Com o autismo dentro de casa**. 2010. Gazeta do Povo. Disponível em: https://www.gazetadopovo.com.br/vida-e-cidadania/com-o-autismo-dentro-de-casa-0np3727rtj7409tcu9lai-9cum/. Acesso em: 10 jun. 2024.

DIEESE. **As dificuldades das mulheres chefes de família no mercado de trabalho**. 2023. Boletim Especial 8 de março, Dia da Mulher / DIEESE - Departamento Intersindical de Estatística e Estudos Socioeconômicos. Disponível em: https://www.dieese.org.br/boletimespecial/2023/mulheres2023.pdf. Acesso em: 05 jul. 2024.

DISTRITO FEDERAL. Secretaria da Pessoa Com Deficiência. **Cartilha do Autista**. Cartilha compilada pela Secretaria da Pessoa com Deficiência. 2023. Disponível em: https://www.sepd.df.gov.br/wp-conteudo/uploads/2023/11/cartilha-do-autista.pdf. Acesso em: 06 jun. 2024.

ECO, Umberto. **A estrutura ausente**. 7º ed. São Paulo: Perspectiva, 1997.

FERREIRA, Nadiá Paulo. **A teoria do amor**: na psicanálise. 1º ed. Rio de Janeiro: Zahar, 2004.

GHERPELLI, José Luiz Dias. Atraso no Desenvolvimento Neuropsicomotor. In: REED, Umbertina Conti; MARQUES-DIAS, Maria Joaquina (ed). **Neurologia**. Barueri, SP: Manole; 2012.

GINGER. **A linear representation of the visible light spectrum**. 2008. Arte disponibilizada como Domínio Público em WikiMedia. Disponível em: https://pt.wikipedia.org/wiki/Espectro_vis%C3%ADvel#/media/Ficheiro:Linear_visible_spectrum.svg. Acesso em: 25 jun. 2024.

GHORAYSHI, Azeen. **Autismo**: por que o diagnóstico tem crescido entre as mulheres? 2023. The New York Times. Disponível em: https://oglobo.globo.com/saude/noticia/2023/04/autismo-transtorno-cresceu-entre-mulheres-criancas-e-adultos-entenda-o-motivo.ghtml. Acesso em: 29 jun. 2024.

GRINKER, Roy Richard. **Autismo**: um mundo obscuro e conturbado. São Paulo: Larrousse do Brasil, 2010.

GUPTA, Abha R; STATE, Matthew W. Autismo: genética. **Revista Brasileira de Psiquiatria.** [S.L.], v. 28, n. 1, p. 529-538, maio 2006. EDITORA SCIENTIFIC. http://dx.doi.org/10.1590/s1516-44462006000500005.

HALPERN, Ricardo. Transtorno do espectro autista. In: **Manual de Pediatria do Desenvolvimento e Comportamento.** Barueri, SP: Manole, 2015.

OLIVEIRA, Bruno Diniz Castro de; FELDMAN, Clara; COUTO, Maria Cristina Ventura; LIMA, Rossano Cabral. Políticas para o autismo no Brasil: entre a atenção psicossocial e a reabilitação1. **Physis:** Revista de Saúde Coletiva. [S.L.], v. 27, n. 3, p. 707-726, jul. 2017. FapUNIFESP (SciELO). http://dx.doi.org/10.1590/s0103-73312017000300017.

PAIVA JUNIOR, Francisco. **Fita símbolo do autismo.** 2010. Arte disponibilizada como Domínio Público em WikiMedia. Disponível em: https://pt.wikipedia.org/wiki/Fita_quebra-cabe%C3%A7as#/media/Ficheiro:Autismo-fita3.jpg. Acesso em: 20 jun. 2024.

PIANA, Andréa Gama. **Atividades práticas para crianças TEA não verbal.** 2022. Rhema Educação. Disponível em: https://blog.rhemaeducacao.com.br/wp-content/uploads/2022/06/PALESTRA-3-7.pdf. Acesso em: 05 jun. 2024.

RAMOS, Alexandre Soledade. Capacitismo e Comunicação Não Verbal no Transtorno do Espectro Autista (TEA) - O Alfabeto da Sophia: um relato de caso. **Autismo: avanços e desafios**. [S.L.], p. 103-110, 2021. Editora Científica Digital. http://dx.doi.org/10.37885/210906013.

SAUERESSIG, Débora. **"O que adoece as mães das crianças atípicas não são os filhos, é o sistema"**. 2023. GHZ . Disponível em: https://gauchazh.clicrbs.com.br/saude/vida/noticia/2023/10/o-que-adoece-as-maes-das-criancas-atipicas-nao-sao-os--filhos-e-o-sistema-clo332ehw005o015zywbkll5n.html#:~:text=%22O%20que%20adoece%20as%20m%C3%A3es,os%20filhos%2C%20%C3%A9%20o%20sistema%22&text=Os%20in%C3%BAmeros%20dados%2C%20pesquisas%20e,tamb%-C3%A9m%20sociais%2C%20culturais%20e%20econ%C3%B4micos. Acesso em: 10 jun. 2024.

SHANNON, Claude E.; WAEVER, Warren. **A teoria matemática da comunicação**. Tradução de Orlando Agueda. São Paulo: DIFEL, 1975.

STUMP, G.; BIASÃO, M.; SATO, F.; MORAIS, R.; BRENTANI, H. Espectro Autista. In: GRISI, Sandra; ESCOBAR, Ana Maria; GOMES, Filumena. (ed.).

Desenvolvimento da criança. Rio de Janeiro: Atheneu, 2018.

UEDA, Edgar. **Kintsugi**: o poder de dar a volta por cima. Porto Alegre: Citadel, 2018.

VIGOTSKI, Lev S. **A formação social da mente**. São Paulo: Martins Fontes, 2019.

VIGOTSKI, Lev S. **Linguagem, desenvolvimento e aprendizagem**. 13º ed. São Paulo: Ícone, 2017.

FONTE Gibson e Minion Pro
PAPEL Polen Natural 80g/m²
IMPRESSÃO Paym